전략적 영업

영업현장과 경영이론의 만남

이혜웅

STRATEGIC SALES

〈서강비즈니스북스〉는 국내 최초 실무형 경영학자를 양성하는
서강대학교 Executive-Ph.D 프로그램의 오리지널 컨텐츠 브랜드입니다.

PREFACE

머리말

필자는 30년간의 직장 생활을 통해 전략, 마케팅 같은 스텝 부서와 일선 영업까지 다양한 부서에서 근무하였다. 중간에 회사의 배려로 미국에 가서 경영학 공부를 하는 기회도 가졌고 전 직장을 그만두고는 늦은 나이에 박사 과정에 등록해서 다시 한 번 재충전도 할 수 있었다. 필자의 경험에 의하면 국내외를 막론하고 대학의 경영학 과목을 보면 대동소이하다. 전략, 마케팅, 인사, 재무, 회계… 그런데 필자가 다니던 회사의 경우 글로벌 대기업임에도 전략 담당 임원은 몇 사람 되지 않았다. 마케팅도 그렇고 인사, 재무 담당 임원도 회계 담당 임원도 적은 숫자이다.

연구 개발을 담당하는 연구직에 이공대 출신의 임원이 가장 많고 다음으로 많은 수의 임원이 있는 직종은 영업이다. 전 세계 수십 개의 해외 판매 법인이 있고 (물론 판매 법인의 법인장이 모두 임원은 아니지만 임원급이긴 하다) 각 사업 본부에도 영업을 담당하는 임원들이 제품별 또는 제품군별로 또는 지역별로 있다. 아마 필자가 다니던 회사만 이렇지 않을 것이다. 그런데 대학에서는 영업을 정식 교과목으로 가르치지 않는다. 즉 실질적인 수요는 있지만 공급이 없는 것이다.

그런데 필자가 영업 현장에서 거래선을 만나고 소비자와 마주치면서 우리 제품을 더 팔기 위해 고민을 하고 해결책을 찾을 때 썼던 분석의 방법들은 필자가 의도했던 것은 아니었지만 전부 학교에서 배운 이론이나 경영 관련 서적에서 읽은 내용을 바탕으로 하였다. 흔히들 기업의 현장, 특히 영업 현장에서 일어나는 일들은 이론과는 상관없는 것으로 생각하지만 실제로는 이미 학교에서 배운 이론을 어떻게 협업에서 적용하는지를 잘 모르는 것뿐이다.

이론이란 '사물의 이치나 지식 따위를 해명하기 위하여 논리적으로 정연하게 일반화한 명제의 체계'를 말한다.[1] 따라서 경영이론은 여러 기업의 사례에서 찾아낸 문제의 해법들을 논리적으로 일반화한 것이라고 정의할 수 있다. 여기에서 필자는 '논리적' 그리고 '일반화'라는 두 단어에 주목하고자 한다. 회사에서 일어나는 일들의 원인이나 의사결정은 100% 논리적일 수는 없다. 따라서 이론을 현업에 적용할 때는 어느 정도의 마진을 감안해야만 한다. 또한 이론은 '일반화'한 것이므로 적용을 위해서는 현장에서 당면한 문제에 맞게 풀어서 재구성해야 한다. 이론에서 든 사례들이 우리 회사의 또는 우리 조직의 현실과 다르다고 배척할 것이 아니라 그 이론의 현상에 대한 접근 방법과 말하고자 하는 것을 정확하게 숙지해서 우리 현실에 맞게 조정을 해서 적용하면 되는 것이다.

학교에서 공부 잘 하는 학생은 주어진 문제를 정해진 시간 내에 정답을 찾아내는 것에 의해 결정되지만 경영의 현장에서는 무엇이 문제인지를 내 스스로 찾아야 하고 하나의 정답을 찾는 것이 아니고 활용가능한 자원의 범위 내에서 최선의 해결책을 찾아야 한다. 이 책에서는 문제를 어떻게 찾고 해결책을 어떻게 제시할 것인지에 대해 필자가 현업에서 실제로 적용했던 사례를 바탕으로 경영이론이 현장이 어떻게 접목될 수 있는지에 대해 독자 여러분에게 작은 팁(tip)을 주고자 한다.

---

1 국립국어원, 『표준국어대사전』 (2023년 1월 12일 네이버 검색)

CONTENTS

차 례

Chapter 01

영업을 잘 하려면

Chapter 02

자사에 대한 이해

Chapter 03

거래선에 대한 이해

Chapter 04

소비자에 대한 이해

Chapter 05

결론: 영업 전략의 수립 및 실행

전략적 영업

영업현장과 경영이론의 만남

Chapter

01

영업을 잘 하려면

1. 영업에 대한 개념적 이해
2. 영업에 영향을 미치는 요소들
3. 영업에 영향을 미치는 요소들에 대한 분석적 접근
4. 분석 사례

Chapter

01

영업을 잘 하려면

회사에서는 "영업은 발로 뛰는 것"이란 말을 자주 한다. 물론 맞는 말이다. 영업맨들은 거래선을 만나야 하고 판매 현장을 방문해서 진열 상태도 점검하고 현장에서 판매사원들에게 의견을 듣고 고객이 제품을 살펴보는 모습을 유심히 관찰해야 한다. 뿐만 아니라 고객과 직접 대화를 나누기도 하며 경쟁사의 판매 현장 역시 살펴보아야 하는 등 사무실에서 벗어나 해야 할 일이 많은 것은 사실이지만 발로 뛰기만 해서는 절대 좋은 성과를 올릴 수 없다. 즉 필요조건이긴 하지만 충분조건이 되려면 세 가지가 더 필요하다.

영업이 무엇을 위한 것인지에 대한 이해, 잘 하기 위한 방법 찾기 그리고 관련된 사람들의 협조를 얻어 내는 것이다.

우선 내가 하는 일이 무엇을 하기 위한 것인지를 정확하게 이해하는 것이 필요하다. 우리가 땅을 팔 때도 장독을 묻으려고 파는지 집을 짓기 위해 파는 것인지에 따라 일의 범위와 방법에서 다른 접근을 필요로 하는 것과 같다. 두 번째로 그 일을 잘 하기 위해선 어떻게 해야 하는지에 대한 방법을 찾아야 한다. 방법을 찾기 위해서는 일견 복잡하게 보이는 현상을 논리의 틀을 가지고 분석해야 하고 이때 학교에서 배우거나 책에서 읽은 경영이론을 적용하는 것이 필요하다. 마지막으로 영업을 잘 하기 위해서는 영업과 관련된 문제를 해결하고 내가 잘 하는 것도 중요하지만 영업은 자기가 직접 재배하고 수확한 것을 파는 농부와 달리 다른 사람이 만들고 다른 사람이 전달하고 다른 사람이 고치러 가는 일련의 과정의 결과물이므로 하고자 하는 일의 완성을 위해서는 관련된 사람들의 이해와 공감을 얻어낼 수 있는 설득 도구도 필요하다. 그리고 나서 강한 실행력, 즉 발로 뛰어야 성공할 수 있다.

1 영업에 대한 개념적 이해

우리가 흔히 '물건을 판다'라고 생각하는 영업이란 단어를 국어사전에서 찾아보면 '영리를 목적으로 하는 사업 또는 그런 행위'[1]라고 나온다. 물건을 파는 의미의 단어는 국어사전에서 '판매'를 찾아야 한다. 즉 단순히 물건을 파는 행위가 아니고 영리를 목적으로 할 때 비로소 영업이 되는 것이다.

영업 일선에서는 흔히 매출과 이익이 둘 다 잡기 어려운 두 마리 토끼라고 한다. 또 필자에게 매출과 이익 중 어느 것이 더 중요하냐는 질문을 하는 영업사원들도 있었다. 두 마리 토끼를 잡기 어려운 것은 토끼가 뛰는 방향이 서로 다르기 때문이다. 즉 매출과 이익이 아무런 계획도 연관성도 없이 가고 있기 때문이고 이익이 목표이고 매출은 강력한 수단이므로 계획을 가지고 한 방향으로 정렬시키면 시차를 두고 둘 다 잡을 수 있다. 1994년 7월에 사업을 시작한 아마존은 온라인 유통 시장을 선점하기 위해 막대한 투자를 거듭하며 인프라를 갖추고 매출을 키워 2003년에서야 비로소 연간 순이익을 달성하였고,[2] 2010년 출범한 쿠팡은 2022년 3분기 처음으로 분기 영업이익을 달성하

---

1 국립국어원, 『표준국어대사전』 (2022년 9월 1일 네이버 검색)

2 Juan Carlos Perez, Amazon records first profitable year in its history, *IDG News Service* | JAN 28, 2004 12:00 AM PST

였다.[3] 물론 쿠팡의 경우 아마존처럼 지속적으로 이익을 낼 수 있을지는 좀 더 지켜보아야 하겠지만 '계획된 적자'가 전사 전략의 일환으로 컨센서스가 이루어져 있는 경우 영업은 매출 목표 달성을 위한 전략을 수립하고 집행하면 된다.

영업이 매출을 통해 이익을 내는 방식에 대해서도 전사적인 컨센서스가 필요한 경우가 있다. 회사가 판매하는 모든 제품/서비스에서 혹은 모든 거래선에서 이익을 내야 하는 것은 아니라는 것이다. 회사 내에서 여러 사업을 운영하는 경우에도 전사의 포트폴리오 전략에 의해 이익을 창출하는 사업도 있고 지금은 적자지만 미래를 위한 사업이 있듯이 제품/서비스에도 이익에 기여하는 모델도 있고 매출에 기여하는 모델도 있으며 고객의 관심을 끌어내는 역할을 하는 모델도 있으므로 전체 매출 합계의 결과로 이익을 내는 것에 집중하여야 한다.

이익이 목표라는 것은 기업 내 모든 조직에 해당하는 말이기도 하다. 즉 회사의 인사 부서의 목표는 회사의 이익이고 인사 행위가 수단이 되는 것이고, 제품 개발 부서도 목표는 회사의 이익이고 제품 개발이 수단인 것이다.

이렇게 영업을 정의하고 나면 영업을 잘한다는 것은 판매를 통해 이익을 많이 내는 것이라는 결론에 도달하게 되지만 여기에 하나 더 추가되어야 할 것이 있다. 바로 '지속 가능하게'라는 말이다. 이익을 많이 내기 위해 단기적으로 제품에 들어가는 부품/재료를 저급품으로 바꾸거나 거래선에 약속한 비용을 지불하지 않거나 대리점에 부당한 소위 '갑질'을 강요하거나 광고를 적정 수준 이하로 계속 줄이거나 하는 임시적인 방법을 쓰면 결국 나중에 회복할 수 없는 타격을 받을 수 있다. 사람의 뼈가 부러지는 것은 한순간이지만 다시 붙으려면 상당한 시간이 지나야 하는 것과 같다. 특히 영업 일선은

3 유지연, "쿠팡, 로켓 배송 이후 첫 흑자… 3분기 영업이익 1,037억" 『중앙일보』 2022.11.11

물론이지만 회사의 경영진에서도 지속 가능성에 대한 이해와 긴 호흡으로 일관성 있는 의사결정이 꼭 필요하다.

2 영업에 영향을 미치는 요소들

피터 드러커 교수는 사업의 목적에 관한 유일하게 타당한 정의는 '고객의 창출'이고 따라서 기업에는 오직 두 가지 기본적 기능이 있다고 했다. 그것은 마케팅과 혁신이며 고객을 잘 이해해서 그들에게 꼭 맞는 제품을 제공하며 저절로 잘 팔리게 하는 것이 마케팅의 목적이고, 가장 생산적인 혁신은 고객에게 만족에 대한 개선이 아닌 새로운 가능성을 창조해주는 제품/서비스라고 하였다.[4] 그는 비즈니스는 자원과 탁월한 지식을 시장에서 경제적 가치에 대한 기여로 전환시키는 프로세스이고 구매하지 않는 것을 선택할 수 있는 독립적인 외부인이 기꺼이 자기 구매력과 교환하고자 하는 무엇인가를 제공하는 것이 목적이며 지식만이 (완전 독점인 경우를 제외하고) 어떤 산업의 제품이든 성공과 생존을 궁극적으로 좌우한다[5]고 강조하였다.

결국 마케팅과 혁신을 하는 주체는 우리 회사이고 우리 회사의 자원과 지식을 활용하여 제품/서비스를 개발하고 판매해서 고객을 창출하는 것이 사업이기 때문에 우리 회사 그리고 고객인 거래선, 소비자가 영업에 영향을 미치는 중요 요소이다. 그리고 우리가 독점 시장에서 장사를 하는 것인 경우는 거의 없기 때문에 경쟁사라는 요소가 또한 큰 영향을 미친다.

이상의 논의를 정리하면 [그림 1-1]과 같다.

자사는 유통이란 거래선을 통해서 혹은 직접 소비자에게 제품/서비스를

---

4 Peter F. Drucker, *Management*, Revised Edition, Harper (2008), pp.98-99.
5 Peter F. Drucker, *Managing for Results*, Harper Business (1964), p.91.

그림 1-1 영업에 영향을 미치는 요소들

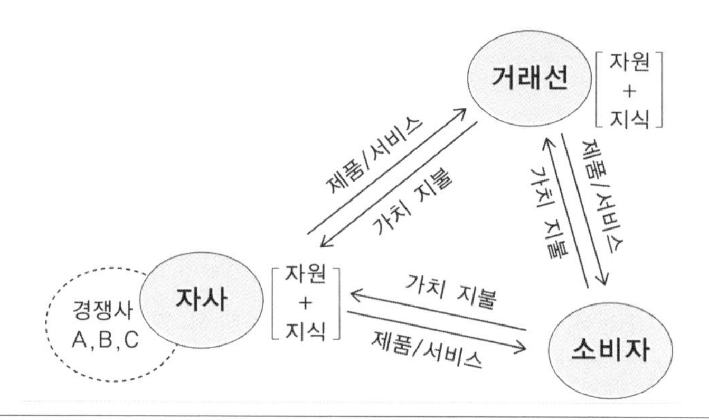

표 1-1 비용과 이익

매출=가격×판매수량
-제조비용(재료비, 노무비 등)

매출총이익(Gross Profit)
-판매/관리비용(인건비, 광고비, 임차료, 감가상각비 등)

영업이익(Operating Profit)
-영업외비용(이자비용, 세금 등)

순이익(Net Profit)

판매할 수도 있고 B2B의 경우는 거래선이 바로 소비자이다. 고객(거래선과 소비자)은 자사뿐 아니라 경쟁사의 제품/서비스를 비교하여 구매 결정을 하고 대가를 지불하게 된다. 고객이 지불하는 대가의 합계는 단위당 가격 × 수량이며 자사의 입장에서 보면 매출액이 되는데, 고객이 지불하는 대가의 합이 자사가 제품/서비스를 제공하기 위해 지출하는 각종 비용의 합보다 커야 이익이 발생한다. 영업의 입장에서는 지속적으로 이익을 내기 위해서 어떻게 단위당 가격을 올려 받을 수 있을까, 어떻게 판매 수량을 늘릴 수 있을까 그리고 어떻게 판매비를 줄일 수 있을까의 3가지 문제가 별개의 독립된 문제가 아니고 상호 연결되어 있는 문제이며 경쟁사의 존재라는 제약적 요소가 있다는 것을 정확하게 인식하고 해법을 찾아야 하지만 [표 1−1]에서 보는 것처럼 매출총이익에 영향을 미치는 제조비용이나 영업이익에 영향을 미치는 판매관리비 중 임차료, 감가상각비 등 영업이 통제할 수 없는 비용 항목들이 다수 존재한다는 것 또한 알아야 한다.

3 영업에 영향을 미치는 요소들에 대한 분석적 접근

영업을 잘하는 방법은 영업과 관련된 문제를 해결하는 것이다. 목표가 명확한데 현재 상황이 그렇지 못하다면 무엇인가 문제가 있다는 것이고 그 문제가 무엇인지 아는 것이 첫 번째로 해야 할 일이다. 그러나 문제가 무엇인지 정확하게 파악하는 것은 결코 쉬운 일이 아니다. 진화론으로 유명한 Darwin도 "문제가 무엇인지를 아는 것이 해결하는 방법을 찾는 것보다 어려웠다"라고 하였다.[6] 가령 우리 회사의 매출이 줄고 있다든지 영업이익률이 경쟁사 대비 낮다든지 이런 것을 문제라고 할 수 있는가? 필자가 보기에는 이런 것들은 그저 바람직하지 않은 현상일 뿐이다. 이런 현상들은 분석을 통해 분해해서 들여다보아야 여러 가지 문제들이 보인다. 고등학교 때 수학 시간에 배운 인수분해(因數分解)에서 복잡한 식을 몇 개의 인수들로 나누어서 곱의 형태로 나타내면 답이 보이는 것처럼 회사에서의 현상도 같은 원리로 분석할 수 있다. 인수분해를 영어로 Factorization이라고 한다. Factor끼리 묶어서 답을 찾는다는 뜻이다. 그렇게 영업의 성과에 영향을 주는 요소들을 분석해 보면 수많은 문제들이 보이게 되는데 그 문제들은 서로 관련이 있는 경우도 있고 없는 경우도 있으며 문제의 심각성과 그 문제의 존재로 인해 다른 문제들을 얼마나 유발시키느냐에 따라 상위 레벨의 문제들과 하위 레벨의 문제들로 분류할 수 있다. 영업이익이 낮은 것은 판가의 문제일 수도 있고 매

6 David Kord Murray, *Borrowing Brilliance*, Gothan Books (2010), p.34.

출의 절대액이 적어서일 수도 있고 두 문제가 다 적용될 수도 있다. 매출의 절대액이 작은 것은 판가의 문제일 수도 있고 판매 수량이 적어서일 수도 있고 두 가지 다일 수도 있지만 팔 물건이 없어서일 수도 있다. 이때 물건 자체가 없는 것은 상대적으로 상위 레벨의 문제이고 판가나 수량은 하위 레벨의 문제이다.

두 번째는 문제의 근본 원인이 무엇인지를 아는 것이다. 문제의 근본 원인에 대해 계속적으로 왜 그런가를 반복해서 답을 찾아야 한다. 문제의 근본 원인에도 상위 레벨과 하위 레벨이 있다.

딜로이트의 컨설턴트 마이클 레이노어와 뭄타즈 아메드는 기업을 진정으로 위대하게 만드는 3가지 법칙이라는 논문에서[7](2013) 수많은 기업을 대상으로 분석한 결과 아주 예외적인 성과를 지속적으로 창출한 기업의 공통점을 발견하고 그 내용을 3가지 법칙으로 정리하였는데 제1의 법칙은 '가격으로 경쟁하지 말고 차별화로 경쟁하라'(Better Before Cheaper) 제2의 법칙은 '비용을 줄이는 것보다 매출을 늘리는 것을 우선하라'(Revenue Before Cost)이다. 그리고 제3의 법칙은 '다른 법칙은 없다'(There are no other rules) 그러니 앞의 두 법칙을 위해 바꿀 수 있는 것은 다 바꾸라고 하였다. 이 법칙에서 벗어난 것이 상위 레벨에 해당하는 근본 원인이고 다수의 하위 레벨의 문제들을 발생시킨다.

세 번째는 문제의 범위를 이해하는 것이다. 문제의 범위를 이해한다는 것은 해결하려는 문제가 다른 많은 문제들과 서로 어떻게 연결되어 있고 그 연결의 강도가 어떤지 그리고 문제들이 상, 하위 레벨 어디에 속한 것인지를 이해한다는 것이다. 영업이익을 올리려고 판가를 올렸는데 판매가 부진해서

7 Michael E. Raynor and Mumtaz Ahmed, "Three rules for making a company truly great", *Harvard Business Review*, Apr. 2013, pp.109 – 117.

매출액이 줄어들어 오히려 이익이 더 나빠지는 결과를 가져오는 것 같이 회사에서 흔히들 발생하는 이슈는 문제의 범위를 잘못 이해한 것이다.

문제를 정의하고 근본 원인을 파악하고 문제의 범위를 이해하기 위해서는 영업에 영향을 미치는 세 가지 요소, 즉 자사, 거래선, 소비자에 대한 분석을 하여야 한다. 분석(分析)은 나눌 分 쪼갤 析자를 쓴다. 즉 나누고 쪼갠다는 것이다. 나눈다는 것은 기준이 있어야 하고 이때 기준을 제공해주는 것이 바로 경영학 이론이다. 필자는 경영학 이론과 실무에서의 경험을 바탕으로 본인이 고안한 분석 도구들을 활용하여 현장 영업의 문제 해결에 적용하는 거시적인 접근 방법에 대해 이 책에서 소개하고자 한다.

2장 자사에 대한 이해에서는 자사와 경쟁사가 속한 산업군에 대한 분석을 통해 어떤 산업구조하에서 사업을 하고 있는지, 그리고 그 구조에 변화를 가져올 요인들은 어떤 것들이 있으며 어떻게 대처할 것인지에 대한 큰 그림을 먼저 설명한다. 그리고 자사(경쟁사)가 사업을 어떻게 하겠다는 청사진, 즉 대상 고객군이 지불하고자 하는 가치에 걸맞은 제안을 하고 있는지, 그러기 위한 자원을 가지고 있는지, 그 결과 고객이 지불하는 가치의 합이 자사(경쟁사)가 지출하는 비용보다 큰 것인지를 비즈니스 모델 분석을 통해 알아본다. 마지막으로 자사가 경쟁하는 시장을 경쟁해서 잃은 시장과 경쟁도 하지 못 하고 잃은 시장이라는 새로운 기준으로 분석해서 해법을 찾는 방법을 설명한다.

이렇게 자사(경쟁사)가 속한 산업군 분석에서 자사의 경쟁 현황 분석까지 넓은 범위에서 시작해서 범위를 좁혀 들어가는 것은 영업이 해결하려고 하는 문제의 원인이 어디에서 비롯되었는지를 알고 해결하려고 하는 문제의 범위를 제대로 인식하기 위해서이다. 즉 자사가 속한 산업구조에 원인이 있는 문제를 영업에서 해결하려고 하면 문제의 범위를 너무 넓게 잡아서 해결이 어려워진다. 또 문제의 근본 원인을 제대로 알지 못하고 눈앞에 보이는 하위 레벨의 원인만 보고 문제를 해결하려고 할 때는 범위를 너무 좁게 잡아서 실패하게 된다.

3장에서는 거래선을 분석한다. 거래선을 자사 입장에서 구분하면 자사와 소비자를 연결시켜주는 유통 거래선이 있고 최종 소비자가 되는 B2B 거래선이 있다(물론 B2B 사업도 직접 최종 소비자와 거래할 수도 있고 유통 거래선을 통할 수도 있다). 제품/서비스를 공급하는 자사와 구매하는 거래선 사이에는 거래의 시작부터 끝까지 수많은 협상을 거치게 되는데 이 협상은 소위 말하는 갑(甲)과 을(乙)이라는 관계의 '기울어진 운동장'에서 서로가 원하는 것을 주고받는다. 거래선을 분석하는 것은 협상에서 상대방이 요구하는 것에 숨어있는 동기, 즉 이해관계를 파악하고 운동장의 기울어짐 정도를 측정해서 대처하기 위함이다.

거래선도 이익을 내기 위해 자사(경쟁사)의 제품/서비스를 구매한다. 그들의 이익에 영향을 미치는 산업구조와 그 산업구조 내에서의 상대적 위치 차이 그리고 그들이 이익을 내기 위한 비즈니스 모델을 자사(경쟁사)를 분석할 때와 같은 방법으로 분석해서 이해관계를 파악한다. 운동장의 기울기는 자사와 거래선의 상대적 위치에 따라 달라지며 상대적 위치는 거래선의 매입 금액에서 자사가 차지하는 비중 그리고 자사가 매출하는 금액에서 거래선이 차지하는 비중에 의해 결정된다. 마지막으로 거래선과의 협상에서 유의해야 할 사항에 대해 필자의 경험을 바탕으로 설명한다.

4장에서는 소비자를 분석한다. 영업이 판매를 통해 지속적으로 이익을 내려면 기존에 있는 제품을 잘 파는 것만으로는 부족하고 새로운 제품이 필요한 경우가 많다. 물론 회사에는 제품을 기획하고 개발하는 부서가 따로 있지만 일선에서 고객을 접하는 영업이 기여해야 할 부분 또한 분명히 존재하므로 소비자에 대한 이해가 필요하다.

분석을 통해 소비자를 이해한다는 것은 고객이 제품/서비스를 통해 하고자 하는 일이 무엇이고 그 일을 해서 원하는 결과와 혜택이 무엇이며 그 과정에서 고객이 겪는 어려움은 어떤 것인지를 안다는 것이고 고객은 거래선의 요구처럼 협상의 대상이 아니고 무조건적 존중의 대상이라는 것을 안다는 것이다. 자사의 제품/서비스가 해당 고객에게 어떤 결과와 혜택을 창출해주고 어떻게 어려움을 해소해 줄 수 있다고 주장하는 것이 고객에 대한 가치 제안이다. 필자는 올바른 가치 제안의 방법론을 소개하고 기존에 시장에 나온 제품들에 대한 사례분석을 통해 현업에 적용할 수 있는 방법을 설명한다.

2, 3, 4장의 논의를 요약하면 [그림 1-2]처럼 나타낼 수 있다.

5장에서는 결론적으로 영업 전략을 수립하고 실행하고 점검하는 구체적인 방법을 설명하는 것으로 이 책을 마무리한다.

그림 1-2 영업에 영향을 미치는 요소에 대한 이해

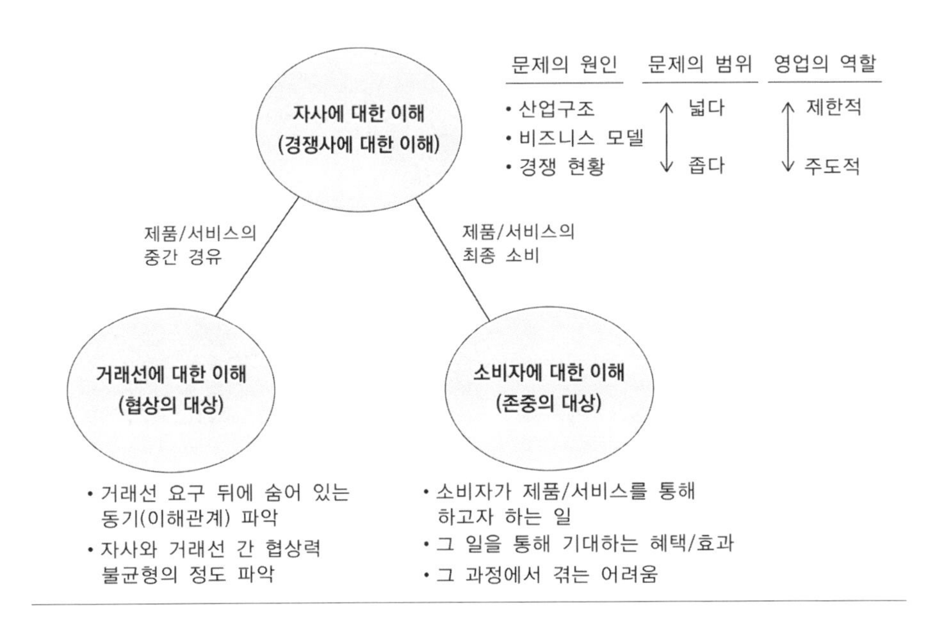

4 분석 사례

1) 분석이란 무엇인가?

사진 1에 사과가 있다. 우리에게 굉장히 익숙한 과일이니 그냥 먹어도 되겠지만 만일 이 사과를 처음 본다고 한다면 아마도 잘라서 내용물을 확인하려고 하지 않을까? 그럼 어떻게 자를까?

사진 1 사과

사진 2 사과를 위에서 자르기

사진 3 사과를 옆에서 자르기

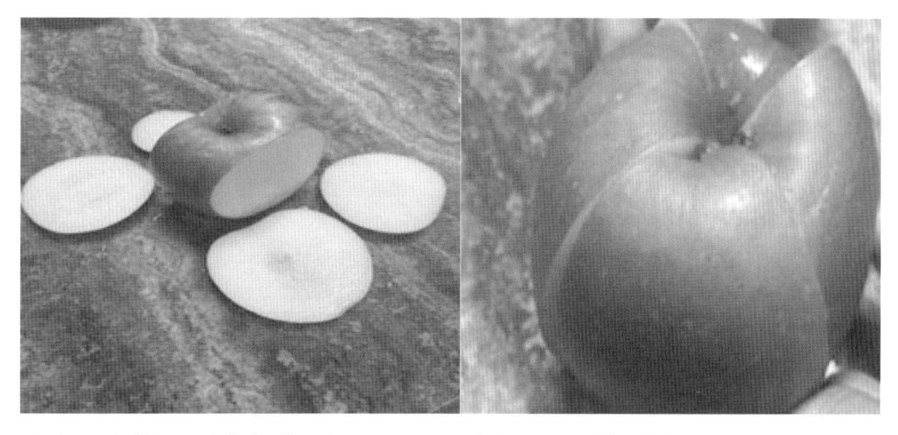

사진 4 사과를 주변에서 자르기

사진 5 4등분한 사과

사진 2처럼 위에서 잘라 볼 수도 있고 사진 3처럼 옆에서 잘라 볼 수도 있다. 잘라 보았더니 사과의 겉은 빨간 색이었지만 속은 하얗고 가운데에 씨가 있다는 것을 알 수 있다 그러나 사진 4처럼 자르게 되면 속이 하얗다는 것은 알 수 있지만 씨는 보이지 않는다. 앞에서와 같이 가운데를 자르지 않았기 때문이다. 즉 나누고 쪼개었지만 기준을 잘못 잡은 것이다.

사과는 전체 모습이 눈에 보이기 때문에 가운데를 찾아서 자를 수 있지만 우리가 분석하고자 하는 현상은 단순하지 않고 한눈에 보이지도 않는다. 그럴 때 기준을 잡게 해주는 것이 경영이론이다. 경영이론은 수많은 사례를 분석해서 공통적인 요인들을 추출해 내는 작업을 거쳐 성립되었고 어떤 이론이 맞고 틀리기보다는 사진 2처럼 위에서 잘랐느냐 사진 3처럼 옆에서 잘랐느냐의 차이이고 내가 얼마나 잘 활용하느냐가 더 중요하다. 그러나 위의 그림에서 보는 것처럼 4등분한 사과는 아무리 사람의 손으로 모아보아도 원형과 똑 같은 모습은 되지 않는다는 것을 명심할 필요가 있다. 즉 분석을 한 결과와 현실은 100% 일치하지는 않는다는 것을 알아야 한다. 분석을 통해 좀 더 편하게 거의 비슷한 모습을 가지고 현상을 바라보는 것이지 모든 것을 다 파악할 수는 없다는 이야기이다.

2) 분석을 통한 문제 해결 사례

만일 우리나라가 올림픽에서 금메달을 전 대회 대비 10개 더 따야 한다는 과제를 해결하려면 어떻게 할 것인가? 앞에서 본 연구자가 설명한 것처럼 우선 현상을 분석해 보아야 한다.[8] 영업을 할 때 내가 파는 제품의 시장 크기를 우선 알아야 하는 것처럼 올림픽에는 어떤 종목이 있고 금메달이 몇 개나 걸려있는지부터 알아야 한다.[9]

표 1-2 올림픽 종목별 금메달 수/동경 올림픽 기준

대분류	종목	금메달 수
육상 (53)	남자/여자 필드	16
	남자 트랙	12

대분류	종목	금메달 수
구기종목 (18)	농구	4
	럭비	2

8 필자는 스포츠 전문가가 아니어서 이하에서 논의하는 방법론은 문제 해결에 대한 개인적인 견해일 뿐임을 미리 밝혀 둔다.

9 28개 정식 종목+개최국 선정 종목으로 구성되어 있고 2021년 동경 올림픽의 경우 금메달은 339개였다.

대분류	종목	금메달 수
	여자 트랙	12
	남자 기타(마라톤 등)	3
	여자 기타(마라톤 등)	3
	트라이애슬론	3
	혼성트랙	2
	근대5종	2
수영 (49)	경영(남자, 여자, 혼성형)	35
	다이빙	8
	오픈워터(마라톤)	2
	수구	2
	아티스틱 스위밍	2
수상 스포츠 (12)	카누	16
	조정	14
	요트	10
	서핑	2
체조 (18)	기계체조	8
	리듬체조	8
	트램펄린	2
격투기 (62)	레슬링	18
	유도	15
	태권도	8
	복싱	13
	가라테	8

대분류	종목	금메달 수
	배구	2
	비치발리볼	2
	축구	2
	핸드볼	2
	골프	2
	야구	1
	소프트볼	1
사이클 (22)	트랙자전거	12
	도로자전거	4
	BMX 레이싱	2
	BMX 프리스타일	2
	산악자전거	2
라켓 스포츠 (15)	배드민턴	5
	테니스	5
	탁구	5
기타 (60)	사격	15
	역도	14
	펜싱	12
	승마	6
	양궁	5
	스케이트보드	4
	스포츠클라이밍	2
	필드하키	2
총합		339

다음으로 과거의 실적과 트렌드를 점검해서 목표의 수준을 정확하게 인식할 필요가 있다.

[표 1-3]은 역대 우리나라 올림픽 금메달 획득 현황을 표로 정리한 것이다. 지난 동경 올림픽(2021년에 개최하였으나 Covid-19로 인해 2020년 올림픽이 연기된 것이므로 2020으로 표기)에서 우리가 6개의 금메달을 획득했으니 "다음 올림픽에서 금메달을 10개 더 따려면"이라는 과제의 목표가 16개로 분명해

표 1-3 역대 우리나라 올림픽 금메달 획득 현황

종목	1976	1984	1988	1992	1996	2000	2004	2008	2012	2016	2020	합계
골프										1		1
배드민턴				2	2		1	1				6
야구								1				1
탁구			2				1					3
핸드볼		1	1									2
복싱		1	2									3
태권도						3	2	4	1	2		12
유도		2	2	1	2		1	1	2			11
레슬링	1	2	2	2	1	1	1		1			11
사격				2				1	3	1		7
양궁		1	3	2	2	3	3	2	3	4	4	27
역도				1								3
육상				12								1
펜싱						1			2	1	1	5
기계체조									1		1	2
수영									1			1
총합	1	6	12	12	7	8	9	13	13	9	6	96

졌다. 또한 지난 실적을 보면 우리나라가 최고로 금메달을 많이 딴 대회가 2008년, 2012년의 13개였고 이후 9개, 6개로 계속 줄어들고 있는 하향 트렌드이므로 16개의 금메달 획득 목표는 상당히 도전적인 목표라는 것을 알 수 있다. 또 동경 올림픽의 금메달 수가 전체 340개[10]였으므로 우리의 금메달 점유율은 약 1.8%였고 다음 올림픽의 금메달 수가 같다면 약 4.7%로 3년 만에 약 260% 성장하여야 한다. 부여받은 목표가 어떤 의미인지를 파악해야 대책을 수립할 수 있고 목표를 주는 사람(회사에서는 경영진) 역시 자신이 준 목표가 어느 수준인지 정확하게 인식해야 한다. 단순히 목표 대비 몇 %를 했다는 것으로 평가를 하는 것은 공정하지도 않고 정확한 평가가 되지도 않는다. 그러나 대부분의 회사가 그렇게 하는 것이 현실이다.

10 원래 339개의 금메달이었으나 높이뛰기에서 공동 금메달 수상으로 실제 금메달 수는 340개였다.

도전적인 목표를 받았을 때 달성하려면 우선 기존에 잘 하던 것을 계속 잘 하면서 추가로 기회를 발굴해야 하고 그러기 위해선 기존에 잘 하던 것이 무엇인지를 정확히 알아야 한다. 즉 우리의 위치가 어디에 있는지를 알아야 하는 것이 최우선적으로 해야 할 일이다.

[표 1-3]에서 가장 많은 메달을 획득했고 또 대회마다 꾸준히 메달을 획득한 종목은 양궁이고 태권도는 동경 올림픽에서만 금메달을 못 땄고 유도와 레슬링도 꾸준한 종목임을 알 수 있다. 배드민턴은 역대 6개의 금메달을 땄지만 2008년이 마지막이었고 펜싱은 5개의 금메달이지만 2012년 이후 3개 대회 연속 금메달을 따서 최근의 트렌드가 더 좋은 종목이라는 것을 알 수 있다. 즉 과거의 실적을 볼 때는 전체 성적도 봐야 하지만 트렌드 역시 눈여겨보아야 한다.

목표에 대한 대략적인 이해를 했고 우리가 어디서 금메달을 땄고 그 트렌드는 어떠했는지를 보았다면 이제 겉으로는 드러나지 않았지만 우리가 강했던 종목의 공통점을 관찰(observation)을 통해 찾아서 범주화(categorize)하는 것이 필요하다. 그러기 위해선 몇 가지 질문을 던지고 답을 찾는 과정이 반복되어야 한다. 구기 종목 5가지에서 13개의 금메달을 땄다면 우리나라가 원래 구기 종목에서 좋은 성적을 냈었나? 이런 질문이 가능하다. 즉 전체적인 현상에서 조금 더 범위를 좁혀서 구체적인 현상을 놓고 사실 관계를 확인해 보는 것이다. 올림픽 구기 종목은 13개 종목에 37개의 금메달이 걸려 있다. 따라서 우리나라가 구기 종목에서 전반적으로 강세를 보인다고는 하기 어렵다. 같은 구기 종목인데 금메달을 획득한 경험이 있는 종목과 그렇지 않은 종목의 차이는 무엇일까?

모든 스포츠 종목에는 게임의 룰이 있다(rule of the game). 그러나 모든 운동에 적용되는 공통의 성공요인(Key success factor)은 아마도 힘, 기술 그리고 게임에 임하는 전략일 것이다(단체 경기라면 팀워크도 중요한 성공 요소일 것이다). 힘은 후천적으로 일정 부분 키울 수도 있지만 타고난 신체 조건에 크게 좌우되는 요소이다. 우리나라 사람들보다 서양 사람들이 팔, 다리가 길고 힘이 좋다는 것은 새삼스러운 일이 아니다. 우리가 금메달을 획득했던 종목들은 핸드볼을 제외하면 탁구, 야구처럼 직접적인 신체적 접촉 없이 일정 거리를 두고 하는 시합이고 도구를 사용한다는 특성이 있다. 야구를 할 때 홈에서 맨손으로 공을 던져서 펜스를 넘기는 선수는 거의 없겠지만 배트로 공을 쳐서는 홈런을 칠 수 있는 것처럼 도구를 이용하면 지렛대를 이용하여 무거운 물건을 들어 올릴 수 있는 것과 같이 모자라는 힘을 메울 수 있다.

그럼 격투기는 어떨까? 격투기는 [표 1-3]에 나오듯이 모든 종목에서 금메달을 획득했다(동경 올림픽에서 주최국이 선택한 가라테 종목은 제외). 그렇다면 우리나라가 격투기 종목에서 강세를 보인다고 할 수 있다. 신체 조건과 힘에서 열세인 우리나라가 직접적인 신체 접촉 정도가 아니라 맞붙어서 힘과 기술을 겨루는 격투기 종목에서 어떻게 강세를 보일 수 있었을까? 바로 격투기 종목은 체급별로 나누어 시합한다는 특징 때문이다. 외견상 힘이 중요할 것 같은 역도 종목 역시 체급별로 경기를 하므로 신체적 조건을 어느 정도는 맞추어 놓고 비슷한 조건에서 힘과 기량을 겨룬다고 볼 수 있다.

그 외 우리가 금메달을 많이 딴 종목에는 양궁과 사격 그리고 펜싱이 눈에 띈다. 역시 상대방과 신체적 접촉 없이 도구를 사용하는 종목이고 수영, 마라톤, 기계체조는 신체적 접촉은 없지만 도구를 사용하지는 않는다.

이상에서 우리가 올림픽 금메달을 딴 종목들은 도구를 이용하면서 떨어져서 신체 접촉 없이 하는 종목이거나 체급이 나누어져 있는 종목이고 완전한 예외는 여자 핸드볼이라는 설명을 했다. 이렇게 1차적 결론을 내고 나서 해야 할 일은 검증이다. 앞서 설명한 가설은 서양인에 비해 체격 조건에서

뒤진다는 것에 기초하고 있다. 그렇다면 비즈니스 세계에서 경쟁사 비교를 통해 인사이트를 얻는 것처럼 우리와 체격 조건이 비슷한 중국, 일본의 금메달은 어디에서 나왔나를 살펴보면 검증이 가능할 수 있을 것이다. 중국의 2020 동경 올림픽 금메달 획득 현황을 보면 총 38개를 획득했고 역시 체급 경기인 역도 그리고 떨어져 시합하면서 도구를 쓰는 사격, 탁구 등의 종목이었고 특이한 점은 떨어져 혼자 시합하는 다이빙에서 무려 6개의 금메달을 획득한 점이다. 사실 다이빙의 경우 체격 조건이나 힘이라는 열세 조건과 크게 관계없을 것 같아 우리에게도 전략 종목이 될 수 있지 않을까 하는 것이 필자의 생각이다.

그럼 일본의 경우는 어떨까? 일본은 27개의 금메달을 획득했는데, 체급 경기인 유도, 레슬링, 여자 복싱 그리고 떨어져 싸우면서 도구를 쓰는 야구, 소프트볼, 탁구 혼성 복식, 펜싱, 스케이트 보드에서 대부분을 땄고 기계체조와 여자 수영에서도 금메달이 나왔다. 결국 우리나라 선수들과 체격 조건에서 큰 차이가 없는 중국과 일본의 금메달 분포 역시 큰 차이를 보이지 않는다는 것을 알 수 있다.

이렇게 현상을 놓고 분석을 통해 원인을 알게 되었으면 다음 순서는 '그럼 어떻게 할 것인가'라는 전략적 방향성을 설정해야 한다. 우선 주어진 과제가 다음 올림픽에서 10개의 금메달을 더 따야 하는 것이다. 동경 올림픽이 당초보다 1년 늦게 개최되었으므로 다음 파리 올림픽까지는 3년이 남았을 뿐이다. 즉 완전히 새로운 전략을 수립해서 그동안 부진했던 종목에서 선수를 육성한다는 전략을 세우기에는 실행에 시간적 제약이 있다. 현실의 비즈니스 세계에서 시간의 제약하에서 매출을 성장시키려면 처음부터 기술 개발을 하여 신제품 출시를 통해서는 어렵고 (물론 산업에 따라 해당 기간이 다르다. 만일 제약회사라면 통상적으로 상당한 기간이 소요될 것이고 식품류라면 상대적으로 더 짧은 기간이 소요될 수 있다) 기존 제품의 승률을 올려야 한다. 올림픽에서는 그

동안 약했던 신체적 충돌이 있는 경기, 체격 조건이 중요한 경기보다는 금메달은 못 땄지만, 은메달, 동메달을 땄던 종목에서 한 경기, 두 경기 더 이겨서 금메달을 따는 전략이 가능할 것이다.

참고로 우리가 은메달, 동메달을 땄던 종목들을 보면 금메달이 나온 종목과 그 특성에 있어 큰 차이가 없다.

Chapter 01 Epilogue ··· 스포츠와 비즈니스

필자는 대부분의 스포츠를 잘 하지는 못하지만 보는 걸 즐겨하는 팬이고 그 중에서도 야구와 골프를 아주 좋아한다. 나는 스포츠 중계를 볼 때 우리가 비즈니스에서 업의 본질이라는 말을 하듯이 각 경기의 본질이 무엇일까 하는 생각을 가끔 하게 된다. 야구, 축구 등 구기 종목의 공통점은 상대 팀보다 내가 더 많은 득점을 하면 이기는 것이다. 때로는 1점만을 내서 이기기도 하지만 10점을 내고 지기도 한다. 이런 공통점이 있지만 해당 종목에만 있는 특징적인 면이 있는데 이는 그 종목만을 들여다봐서는 알기 어렵고 다른 종목과의 비교를 통해서 알 수 있다.

야구라는 스포츠가 다른 구기 종목과 득점하는 법이 다른 것은 축구나 농구는 공이 골대를 통과하면 점수를 얻지만 야구는 사람이 공보다 먼저 홈플레이트를 밟고 지나야 점수가 된다는 점이다. 또 다른 종목은 득점을 하고 나면 원점에서 다시 시작하지만 야구는 누상에 주자가 나가고 홈에 들어오는 것이 3아웃을 당하기 전까지 연속적으로 가능하다. 같은 홈런이라도 누상에 주자가 없으면 1점이지만 주자가 있으면 주자의 수대로 점수가 더 커진다. 같은 외야 플라이라도 주자가 3루에 있으면 노아웃이나 원아웃에서 점수가 될 수 있지만 주자가 없으면 그냥 아웃이 되고 만다. 즉 선행한 행위의 누적으로 인해 점점 점수 나기가 쉬워지는 게임이다.

영업이 판매를 통해 지속적으로 이익을 많이 내기 위해서는 내가 하는 영업 활동이 일발 장타를 노리는 무리한 스윙보다는 차분하게 출루를 목적으로 하는 행위의 누적이 되어야 한다. 우리 브랜드를 빌딩하고 거래선과의 관계를 돈독하게 하고 소비자의 기대 수준을 저버리지 않는 행위들이 누적되다 보면 지속적인 득점이 가능하다. 이렇게 누적된 결과는 경쟁사가 벤치마킹을 해도 딱히 뭐라고 꼬집어 내어 모방하기도 어려운 지속가능한 경쟁우위를 가져다준다.

다른 구기 종목들은 상대방을 향해 공격과 수비를 반복하지만 골프는 경쟁자들과 같은 홀을 대상으로 같은 방향으로 진행한다. 즉 상대방을 막아내고 상대방을 제압하는 스포츠가 아니고 나만의 플레이로 홀을 공략하되 순위 경쟁을 위해 여유가 있으면 조금 보수적으로 아니면 조금 공격적으로 플레이 하면 되는 것이다. 현실의 비즈니스도 경쟁사를 자꾸 의식하고 이기려 하지 말고 고객이라는 홀에 공을 집어넣는 일에 우선 집중하는 것이 중요하다. 그렇다면 나만의 플레이를 한다는 것은 무슨 뜻일까? 골프는 누구나 14개로 클럽의 수가 제한되어 있다. 그 클럽들은 각각 낼 수 있는 거리가 다르고 특성도 달라서 골프장마다의 특성이라는 환경 요인과 선수의 구질, 그리고 페어웨이에 공이 놓여있는지 러프에 있는지 등의 상황에 따라 선수가 캐디의 조언을 듣고 자기 판단으로 클럽을 선택해서 플레이 하게 된다. 내가 원하는 결과가 나왔으면 내가 잘 친 것이고 그렇지 않으면 채가 잘못된 것인가? 골프를 잘 못 치는 하수일수록 다른 사람이 어떤 상황에서 어떤 판단으로 어떻게 쳤는지 보다 골프채의 브랜드가 무엇인지를 물어본다.

비즈니스는 결국 사람이 하는 것이고 조직에서 사람은 골프채와 같다. 골퍼가 골프채 14개 중 하나를 골라 치는 것처럼 회사 내에 다양한 장점과 특성을 가진 사람들로 구성되어 있을수록 경영자의 선택의 폭이 넓어지고 원하는 플레이를 할 수 있다. 그런데 드라이버를 가지고 백 스핀을 걸어 깃대

옆에 바로 세우려 하거나 샌드웨지를 가지고 200미터를 치려고 하는데 실패했다면 채의 잘못인가 친 사람의 잘못인가? 채의 특성과 골프장의 특성 그리고 공이 놓여있는 위치를 무시하고 언제 어느 때나 뽑아 들고 잘 안 맞으면 버리기를 반복하면 결국 그 경영자의 골프 백에는 브랜드만 다른 7번 아이언만 14개 남아 있게 된다. 조직의 구성도 마찬가지이다. 말도 수레를 끌고 소도 수레를 끌지만 말과 소를 한 수레에 묶어 놓으면 그 수레는 똑바로 갈 수가 없다.[11]

스포츠에서 다른 종목과의 비교를 통해 그 종목의 특성에 대한 인사이트를 얻을 수 있는 것처럼 비즈니스도 마찬가지이다. 내가 있는 업종과 다른 업종의 비교를 통해서 인사이트를 얻을 수 있고 또 같은 업종에서 경쟁사가 어떻게 하는지 좁게는 같은 회사에서 다른 부서는 어떻게 하는지를 보면서 내가 하는 일에 도움을 줄 수 있는 영감을 얻을 수 있다. 예를 들어 당신이 새로운 소프트웨어를 개발하고 있는 데 사용자가 어디로 가야 할지를 모르게 되는 문제를 해결해야 한다고 하자. 그렇다면 다른 누가 이런 문제를 가지고 있을까라고 자문해 보자. 우선 다른 소프트웨어 개발자들은 이 문제를 어떻게 해결했는지를 보고 유사 산업, 예를 들어 비디오 게임에서는 어떻게 해결하였나를 보고 다음으로 범위를 더 넓혀서 소프트웨어와는 전혀 관련 없는 사람들 중 길을 찾아야 하는 문제가 있는 배의 항해사나 비행기의 조종사, 트럭 운전자 같은 사람들은 어떤 방식으로 해결하는지… 이런 재료들을 바탕으로 나만의 해법을 찾아야 한다. 자기 산업 내 경쟁자의 아이디어를 가져오면 도둑이 되지만 다른 산업에서 가져오면 창조적인 천재가 되는 것이다.[12]

11 박기현, 유대인은 어떻게 원하는 것을 얻는가? (소울메이트, 2012) p.169.
12 David Kord Murray. *Borrowing Brilliance*. Gothan Books (2010) p.69.

Chapter

02

자사에 대한 이해

1. 자사가 속한 산업군에 대한 이해
2. 자사 비즈니스 모델에 대한 이해
3. 자사 경쟁 현황에 대한 분석적 접근

Chapter
02
자사에 대한 이해

통상적으로 경쟁사나 거래선에 대해서는 잘 모를 수 있지만 자기 회사에 대해서는 잘 알고 있다고 생각을 한다. 하지만 실제로는 그렇지 않다. 특히 영업부서에서는 자신들이 판매하는 제품의 경쟁사 대비 특장점에 대해서 연구를 하고 거래선과 판매 현장에서 정확하게 전달하는 것에만 집중을 한다. 하지만 영업이 판매를 통해 지속적으로 이익을 창출하는 행위이고 영업을 잘 한다는 것은 이와 관련된 문제를 해결하는 것이라는 관점에서 보면 영업이 해결하려고 하는 문제를 정의하고 근본 원인을 찾고 문제 해결의 범위를 이해하기 위해서 보다 거시적인 접근이 필요하다.

최우선적으로 우리 회사가 속한 산업군에 대한 이해가 필요하다. 우리가 하는 게임이 야구인지 축구인지 아는 것과 같다. 하버드 경영대학원 마이클 포터 교수는 탁월한 성과는 경쟁이 벌어지는 산업구조와 산업 내에서 해당 기업의 상대적 위치에 있다고 하였다.[1] 우리가 속한 산업군의 구조와 우리 회사의 상대적 위치를 이해하여야 큰 그림을 볼 수 있다. 영업이 해결하려고 하는 문제가 여기에서 비롯되었다면 전사 전략의 이슈이므로 문제 해결의 범

1 조안 마그레타, 『당신의 경쟁전략은 무엇인가?』 김언수, 김주권, 박상진 옮김 (진성북스, 2016), p.35.

위에서 제외하고 좀 더 좁혀야 할 경우가 많고 따라서 영업의 역할은 제한적일 수밖에 없다.

두 번째로 비즈니스 모델에 대한 정확한 이해가 필요하다. 비즈니스 모델이란 "기업이 어떻게 작동하는지를 설명해주는 프레임"이다.[2] 산업군에 대한 이해로 우리가 하는 게임이 야구라는 것을 알았다면 팀이 어떤 야구를 추구하는지를 이해하는 것이다. 우리 회사가 어떤 고객을 대상으로 어떤 경로를 통해 어떠한 가치 제안을 하고 있으며, 그러기 위해선 고객과는 어떤 관계를 맺어야 하는가? 가치 제안을 뒷받침하는 핵심 활동은 무엇이고 필요한 핵심 자원은 무엇인가? 또 이러한 핵심 활동과 핵심 자원을 우리 회사가 단독으로 수행하고 확보하는지 아니면 핵심 파트너가 있는지 그리고 이런 활동과 자원 확보를 위한 비용구조는 어떻게 되고 비용 마련을 위한 매출 흐름은 어떻게 되는지를 이해하는 것이다. 제대로 잘 만든 비즈니스 모델을 이해하는 것은 영업의 가이드라인을 이해하는 것이지만 잘못된 비즈니스 모델에서 비롯된 문제는 산업구조와 관련된 문제보다는 영업의 역할이 더 있을 수 있지만 여전히 제한적일 수 있다는 점에서 점검이 필요하다.

세 번째로 이해해야 하는 것은 우리 회사의 현재 위치이다. 어디로 가야 할지 어떻게 가야 할지를 정하는 것이 영업 전략과 전술의 수립인데 이를 위해서는 우선 현재 우리가 어디에 있는지를 아는 것부터 시작하여야 한다. 자사의 현재 성과는 어떻게 얻어졌으며 시장에서 어떻게 경쟁하고 있는지를 새로운 관점에서 분석할 필요가 있으며 여기서 추출된 문제는 영업에서 다 해결할 수는 없지만 주도적인 역할을 할 수 있다.

---

2 Joan Magretta,"Why Business Models Matter?", *Harvard Business Review*, May. 2002, p.4.

1 자사가 속한 산업군에 대한 이해

마이클 포터는 [그림 2-1]에 나오는 5가지 세력에 의해 산업구조가 결정되고 그 산업구조가 해당 산업의 수익성을 결정한다고 하였다.[3]

산업구조와 수익성 관계에 대한 포터의 연구결과로 다음 사항들을 도출하였다. 첫째, 표면적으로 산업은 달리 보이지만 내적으로 같은 세력이 존재한다. 모든 산업에서 상대적 강도와 중요성은 달라도 같은 5가지 세력이 적용된다. 둘째, 많은 사람들의 생각과 달리 산업 수익성은 해당 산업의 성장 속도, 기술 수준, 규제 산업 여부, 제조업 또는 서비스업 등이 아닌 산업구조가 결정한다. 셋째, 산업구조는 놀랄 만큼 잘 변하지 않는다. 비즈니스는 급속도로 변한다는 보편적인 생각에도 불구하고 포터는 일단 구조가 갖춰지지 않은 진입 단계를 지나면 산업구조는 오랫동안 변하지 않고 지속된다고 하였다. 신제품은 출시되고 퇴출되고 신기술은 등장했다가 사라진다. 항상 모든 것은 변하지만 산업구조와 산업 평균수익성은 변하는 데 오랜 시간이 걸린다.

그림 2-1 산업구조: 5가지 세력

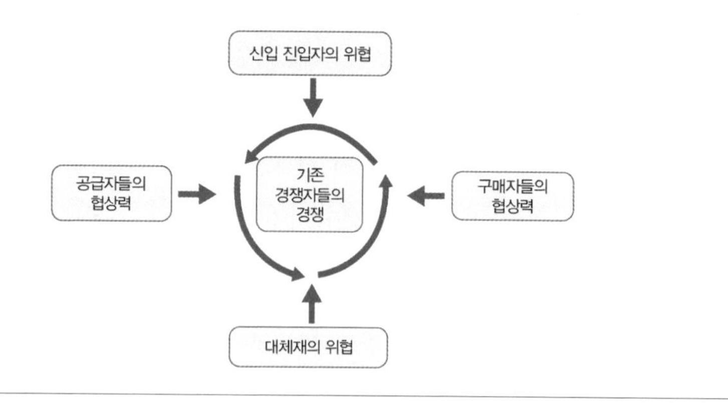

3 조안 마그레타, 『당신의 경쟁전략은 무엇인가?』 김언수, 김주권, 박상진 옮김 (진성북스, 2016), pp.62-98.

회사가 어떤 산업에 진입할 것인가 아니면 빠져나올 것인가 또는 그 산업내에서 어떻게 포지셔닝할 것인가 하는 것은 전사 전략의 해당 영역이므로 이 프레임워크에 대한 상세한 설명보다는 영업에서의 활용 가치 측면에서 접근하고자 한다.

1) 구매자

산업에 따라서 구매자의 영향력이 다르다. 구매자가 소수이고 산업 내 경쟁사가 많다면 구매자의 힘은 매우 강해지므로 산업의 잠재적 수익성을 악화시킨다. 특히 영업을 담당하는 부서에서 구매자의 영향력 평가를 할 때는 최종 소비자만큼 유통 채널의 영향력에 주의를 기울여야 하는데 특히 유통 채널이 최종 소비자의 구매 결정에 영향을 미치는 정도를 따로 평가해야 한다. 의약품 영업의 경우를 예를 들면, 우선 의사의 처방이 필요한 약품의 경우 최종 소비자가 전혀 구매 결정을 못 하고, 약국에서 살 수 있는 약품은 약사가 전문 지식을 통해 최종 소비자의 구매 결정에 영향을 미치지만 편의점에서도 살 수 있는 의약품은 최종 소비자의 순수한 판단에 의해 구매를 하게 된다. 당연히 영업하는 방식도 달라야 하고 영업/마케팅 비용을 쓰는 방법도 달라야 한다. 휴대폰의 경우 통신 사업자는 보조금을 통해 최종 소비자가 실제 지불하는 가격에 영향을 미치므로 일반 가전제품의 유통 채널보다 더 영향력이 크다. 또 소비자에게 같은 정도의 영향력이 있다고 해도 구매하는 금액이 다른 채널보다 차이가 많이 날수록 해당 유통의 영향력은 크게 되고 따라서 영업의 입장에서 채널별 수익성이 달라지게 된다(이 부분은 3장 거래선에 대한 이해 부분에서 보다 상세하게 설명한다).

그렇다면 우리 회사 입장에서 구매자의 영향력에 의한 낮은 산업 평균 수익성을 극복할 수 있는 방법은 없을까? 첫 번째로 생각할 수 있는 것은 경쟁사와 차별화된 제품 개발이다. 차별화의 정도가 크고 그 차별점이 최종 소

그림 2-2 연도별 아이폰 판매량

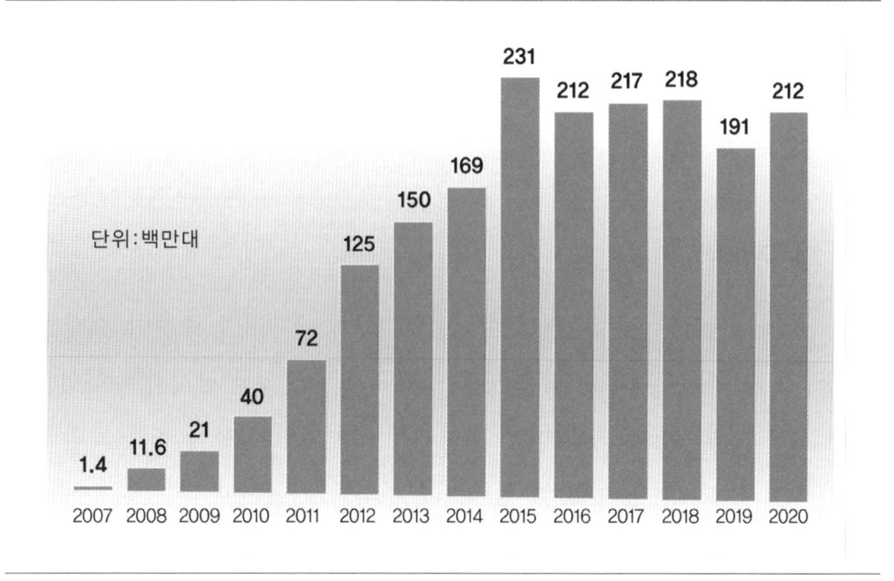

비자들의 구매 의사결정에 크게 영향을 미칠 수 있는 정도가 되면 유통도 제품을 구매하는 것은 자신들이 소비하는 것이 아니고 최종 소비자들에게 판매하는 것이 목적이므로 결국은 최종 소비자들을 이길 수는 없게 된다. 그러나 이 역시 제품만 가지고 되는 것은 아니고 영업의 전략이 필요한 부분이다.

휴대폰 시장에서 매출과 이익면에서 1등을 하고 있는 애플 아이폰의 경우를 예를 들어 보자. 본 연구자는 아이폰의 성공 요인을 제품의 차별성 외에도 영업의 유통 전략에서 찾을 수 있다고 생각한다. [그림 2-2]는 아이폰이 최초 출시된 2007년부터 2020년까지의 판매량을 보여준다.[4]

2007년에 출시된 최초의 아이폰은 140만대 판매에 그쳤지만 그 후 2012년까지 거의 100%에 가까운 성장을 거듭하게 된다. 2013년 이후에는 성장은 하지만 그 폭은 상당히 떨어지는 모습이다. 최초의 아이폰은 혁신성이 없었

4 구글, Iphone annual sales, https://twitter.com/JonErlichman/status/1368603362095214596, 2021.03.08

고 2008년부터 2012년까지는 제품의 혁신성이 뛰어났고 그 이후는 그렇지 않았다고 생각하는가? 최초 아이폰이 출시될 때 미국에서는 AT&T라는 통신 사업자를 통해 독점 출시하였고 유럽에서는 통신 사업자를 통하지 않고 직접 오픈 마켓을 통해 공급을 하였다. 미국에서는 AT&T가 보조금을 통해 단말기의 가격을 낮춰 주어서 판매가 되었지만 유럽에서는 오픈 마켓에서 보조금 없이 출시되었고 당시 유럽에서 통신 사업자의 일정 수준 이상의 월정액 요금제로 가입하면 (영국 기준으로는 월 35파운드 요금제) 보조금을 통해 공짜로 살 수 있었다. 따라서 아이폰의 가격은 경쟁사 대비 훨씬 높은 가격을 지불해야 살 수 있었던 관계로 거의 판매가 되지 않았다. 구매자로서의 영향력이 막강했던 통신 사업자들은 자신들의 특화된 서비스를 구현할 수 있는 단말기를 제공하는 업체에게는 보조금을 지급하고 그렇지 않은 단말기는 보조금을 주지 않았는데 애플은 통신 사업자들의 개별적 요구를 들어주지 않았던 것이다. 예상 외의 판매 부진을 겪은 후 애플의 선택은 무엇이었을까?

애플은 통신 사업자의 특화된 서비스를 구현해 주지는 않지만 해당 국가의 1위 사업자가 아닌 2위나 3위 사업자에만 독점적으로 제품을 공급하여 보조금을 받아내는 유통 전략을 구사하게 된다. 즉 모든 통신 사업자들을 대상으로 일거에 판매를 확대하는 전략 대신 특정 사업자를 통한 우회 전략을 선택하였다. 미국에서는 1위 사업자인 버라이즌이 아닌 2위 사업자 AT&T를, 영국에서는 보다폰 대신 O2에만 독점 출시를 하였고, 2009년 한국에 들어올 때도 1위 사업자인 SKT가 아닌 KT와 계약을 하는 방식이었다. 아이폰이 사업자 보조금을 통해 소비자 가격 경쟁력을 회복하여 해당 사업자 내에서는 판매가 늘어나기 시작했고 아이폰을 쓰기 위해 통신 사업자를 바꾸는 현상이 생겨나자 1위 사업자나 다른 사업자들이 결국 아이폰을 구매하게 되면서 판매가 급격히 늘게 되었던 것이다.

두 번째는 유통을 배제하고 직영 매장을 개설하거나 온라인을 통해 최종 소비자에게 직접 판매(D2C, Direct to Consumers)하는 방식이다. 독자적으로 최종 소비자들을 직접 유인할 수 있는 브랜드 파워가 있는 회사 또는 시장에 신규 진입하면서도 상당한 초기 마케팅 비용을 감당할 수 있는 회사가 선택할 수 있는 방법이다. 브랜드 파워가 있는 업계의 강자라 하더라도 기존 유통 거래선을 배제하고 D2C 채널을 개설하는 것은 쉬운 일이 아니다. 기존 유통 거래선들 입장에서는 새로운 경쟁 채널이 등장하게 되는 것이므로 자신들의 영향력이 줄어드는 것에 대해 반발하기 때문이다. 따라서 일정 기간 유통과의 힘 겨루기가 진행되고 이 기간 중 매출 감소를 견딜 수 있는 인내심과 경영진의 이해가 필요하다.

2) 공급자

공급자의 영향력 분석에는 노동력을 포함해 제품 및 서비스에 투입되는 모든 구매 요소가 포함되어야 한다. PC의 경우 마이크로소프트와 인텔이 산업 전체가 창출하는 이익의 많은 부분을 가져가고 PC 제조업체의 수익률은 강력한 공급자와 구매자 사이에서 낮을 수밖에 없다. 공급자의 영향력은 산업의 진입 장벽을 낮춰 나중에 설명할 신규진입자의 수를 늘릴 수도 있다. 내연 기관 자동차 시대에는 자동차 제조회사를 중심으로 핵심인 엔진과 변속기 관련 부품은 공급자가 수직 계열화되어 있거나 자동차 제조사의 영향력 아래 있었고 최종 소비자에게 가는 채널도 자체 딜러망이 구축되어 있어 산업의 진입 장벽이 아주 높았다. 전기차 시대의 경우 그 핵심인 배터리는 자동차 제조사가 아닌 배터리 전문업체가 생산, 공급한다. 애플이 전기차를 통해 자동차 시장에 진입할 수 있다는 뉴스는 내연 기관 자동차 시대였다면 거의 불가능한 일이다. 구글의 안드로이드도 같은 역할을 했다. 즉 예전의 휴대폰은 제조사별 독자적인 운영체제(OS, Operating System)이기 때문에 기술적 진입 장벽이 비교적 높았으나 안드로이드의 등장 이후 더 많은 제조사들이 휴대폰 시장에 뛰어들 수 있게 되었다.

3) 대체재

대체재는 특정 산업의 제품이 만족시키는 똑같은 기본적 니즈를 다른 방식으로 충족시키는 제품이나 서비스로 해당 산업의 수익성을 제한한다. 예를 들어 고속철도는 항공 수요의 대체재이다. 고속철도의 경우는 건설 계획 발표부터 실제 운행까지 상당한 시간이 소요되어 예측이 가능하지만 어떤 대체재의 경우는 예측이 어렵고 때때로 그 파급 효과를 제대로 인식하지 못해서 대응을 못하는 경우도 있다. 한때 신문에 내던 구직 광고는 온라인 구직 사이트로 대체되었고 택시는 우버에 의해 호텔은 에어비앤비에 의해 수익성에 타격을 받게 되었다. DVD에 의해 비디오 테이프를 제조하는 회사는 사라졌고 DVD는 넷플릭스 같은 OTT(Over The Top) 서비스에 의해 설 자리가 없어졌다. 이런 강력한 대체재의 출현은 기존 제품/서비스를 제공하는 회사의 영업의 한계를 완전히 뛰어넘는 것이다.

대체재를 직접적인 경쟁자로 인식하고 자사의 포지셔닝을 하는 사례도 있다. 사우스웨스트 항공은 사업 초기 단거리 항공 여행의 대체재인 고속버스를 경쟁자로 생각하고 가격, 정시 운항, 허브앤스포크 방식이 아니고 바로 목적지 공항으로 연결하는 방식을 채택해서 크게 성공하였다.

4) 신규 진입자

해당 산업의 진입 장벽은 새로운 경쟁자로부터 특정 산업을 보호한다. 만일 진입 장벽이 낮다면 늘 새로운 경쟁자의 위협에 대비하여야 하고 기술의 발전은 통상적으로 모든 산업의 진입 장벽을 낮추는 방향으로 진행되었다. 휴대폰 시장에 신규 진입했던 애플은 1등이 되었고 자동차 시장에 전기차를 들고 들어온 테슬라도 그 위력이 상당하다. 영업의 입장에서 해당 산업에 신규 진입하는 경쟁사 모두에 대비하는 것은 어렵지만 분석의 범위를 특정 국가의 특정 시장의 입장에서 한다면 어느 정도 대비가 가능하다. 만일 국내 시장의 영업을 담당하고 있다면 국내 경쟁자만 볼 것이 아니라 아직 국내에는 진입하지 않은 해외의 잠재적 경쟁자에 대한 연구를 사전에 하여야 한다.

영업의 입장에서는 신규 진입이 가능한 잠재적 경쟁자와 사전에 파트너가 되어 서로가 윈윈할 수 있는 방법을 찾을 수도 있다. 해당 산업에서 성공하기 위한 조건들을 정리해서 그 조건을 갖춘 업체 중 서로가 부족한 것을 채워줄 수 있는 대상을 선정해서 협상을 하는 것이다. 예를 들어 늘 가지고 다니고 사람들 앞에서 꺼내 놓고 사용하는 휴대폰의 경우는 패션과 같이 자신을 나타내는 소품이 되어 명품 브랜드들도 기술력만 있다면 잠재적 진입자가 될 수 있고, 게임, 음악, 책 등의 컨텐츠 서비스로 휴대폰의 보완재 역할을 할 수 있는 업체들이 기존 서비스의 고객을 기반으로 새롭게 시장에 들어올 수 있다. LG전자는 명품 브랜드인 프라다와 협업을 한 바 있고 아이튠즈라는 음악 서비스를 가진 애플은 직접 휴대폰 시장에 진입해서 1등 업체가 되었지만 아마존이 만든 파이어폰은 실패하였다.

5) 기존 경쟁자들의 경쟁

경쟁의 강도는 특정 산업이 많은 경쟁자들로 구성되었거나 경쟁자들이 규모나 영향력 면에서 비슷할 경우, 저성장이 시장점유율 쟁탈전을 유발시키는 경우, 높은 출구 장벽으로 인해 산업 밖으로 빠져나가지 못하는 경우 강해진다. 이 책은 대부분이 치열한 경쟁에서 이기기 위해 고민하고 있는 현장의 영업맨을 위한 것이고 경쟁에서 이기기 위해 나름 치열하게 고민했던 필자의 결과물이다. 다만 여기서 다시 한 번 강조하고자 하는 것은 경쟁에서 이긴다는 것이 시장점유율이나 매출액 경쟁에서 이기려는 것이 되면 안 된다는 것이다. 영업이 판매를 통해 지속 가능하게 이익을 내는 것이라는 정의를 되새긴다면 가격 경쟁에 의해 경쟁자를 무너뜨리기보다는 고객의 니즈를 충족시키는 방법과 차별화에 집중되어야 한다.

5가지 세력으로는 분류되지 않았지만 보완재의 경우도 매출과 수익성에 영향을 미치게 된다. 예를 들어 아이폰과 애플리케이션의 경우를 보자. 애플리케이션의 인기가 올라가면 아이폰의 수요도 같이 올라가게 된다. 애플은 처음에는 독자 개발한 애플리케이션만 다운로드 가능하게 하였으나 2008년 7월 외부 개발자가 개발한 앱들도 다운로드 가능하게 하자(당시 800여 개). 사흘 만에 천만 번의 다운로드가 발생하게 되었고[5] 다양한 앱의 존재는 애플의 유통 전략과 더불어 아이폰의 매출 증가에 크게 기여하였다.

이상의 5가지 세력에 대한 분석은 글로벌 관점에서 그리고 자신이 담당하고 있는 시장 관점에서 각각 실시해서 비교해 보는 것이 좋다. 또 담당하는 시장이 바뀌는 경우에는 그 전에 근무했던 시장과 비교해서 분석하는 것이 빠른 적응에 도움이 된다.

2 자사 비즈니스 모델에 대한 이해

비즈니스 모델은 조직의 구조, 프로세스 그리고 시스템을 통해 시행될 전략의 청사진과 같은 것이다.[6] 벨기에의 컴퓨터 과학자이자 로잔느 대학의 경영정보시스템 교수인 이브 피뇌르(Yves Pigneur)와 스위스의 비즈니스 컨설턴트 알렉산더 오스터왈더(Alexander Osterwalder)는 비즈니스 모델이 기업이 어떻게 이익을 내겠다는 것인지에 대한 논리를 보여주는 9개의 building block으로 묘사될 수 있다고 보고 [그림 2-3]의 비즈니스 모델 캔버스를 창안하였다.

9개의 빌딩 블록은 크게 고객, 자원 그리고 파이넌스라는 3가지 항목으로 구성되어 있다. 고객에 대한 가치 제안은 대상으로 하는 고객에 꼭 맞는

5 Andrew McAfee, Erik Brynjolfsson, *Machine Platform Crowd*, (Norton, 2017) p.163.
6 Alexander Osterwalder & Yves Pigneur, *Business Model Generation*, (John Wiley & Sons, 2016), pp.15-41.

그림 2-3 비즈니스 모델 캔버스

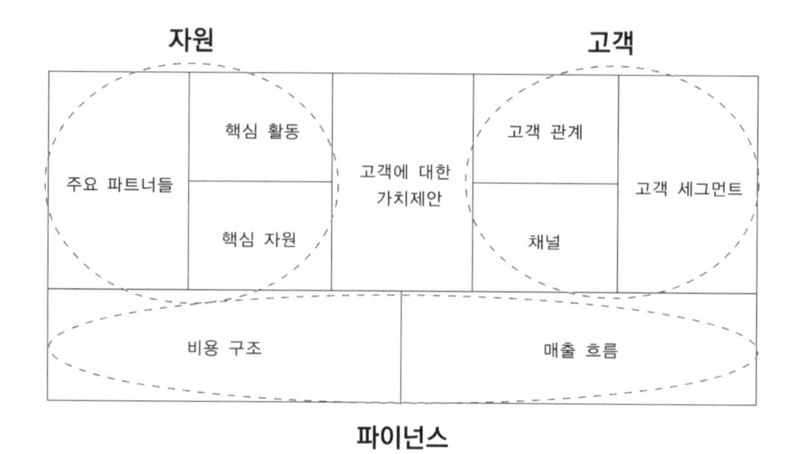

것이어야 하며, 가치 제안이 차별적이지 않으면 가격으로 경쟁하지 말고 차별화로 경쟁하라는 법칙은 실행할 수 없다. 또 아무리 좋은 가치 제안도 제품/서비스로 구현하고 전달할 수 있는 자원이 뒷받침되지 않으면 공염불이 되고 만다. 설사 좋은 가치 제안과 이를 구현할 수 있는 자원이 있다고 해도 제품과 서비스를 통한 매출 흐름이 비용을 충당하고 이익을 낼 수 없으면 기업이 생존할 수 없다. 자사의 비즈니스 모델의 이해와 점검을 통해 고객과 매출 흐름과 관련된 문제는 영업이 해결하려는 문제의 범위에 넣어야 하지만 자원과 비용구조에서 비롯된 문제는 영업부서에서 단독으로 해결할 수 없고 전사적인 과제로 해결하여야 한다.

1) 고객 세그먼트

기업이 대상으로 하는 하나 혹은 복수의 고객군을 말한다. 비즈니스 모델 캔버스에서의 고객 세그먼트는 우리가 흔히 마케팅에서 말하는 고객 세그먼트와는 약간 다른 개념이다. 즉 마케팅에서 고객 세그먼트는 고객이 누구인가 라는 식별 변수를 사용하여 고객을 나이, 성별 등의 인구통계학적으로 나누거나, 소득, 직업, 교육 정도 등의 사회 경제적 요인, 신념, 의견, 행동,

관심사 등의 사이코그래픽스(psychographics)로 분류하는 선험적 세분화(priori segmentation)와, '고객이 무엇을 원하는가'라는 응답 변수를 사용하여 어떤 혜택을 원하는가? (가격, 신뢰성, 서비스…) 고객이 어떤 때 사용하는가, 마케팅 믹스에 대한 민감성, 구매하는 양이나 빈도, 브랜드간 교체, 주로 가는 유통 등의 구매 습관 등으로 분류하는 포스트 혹 세분화(post hoc segmentation)로 구분한다. 이를 통해 세그먼트 간 차별성이 확보되고 세그먼트 내 고객의 동질성이 담보되면서도 맞춤형 마케팅 프로그램을 실행할 수 있을 만큼의 크기가 되는 고객 집단을 구분한다.[7]

비즈니스 모델 캔버스에서의 고객군은 니즈(needs)가 뚜렷이 다른 제안(offer)을 필요로 하고, 서로 다른 채널을 통해야 접근이 가능하고, 각각 서로 다른 형태의 관계가 필요하고, 각각의 다른 수익성을 보이고 있고, 다른 형태의 제안에 대가를 지불할 용의가 있다면 별도의 고객 그룹을 형성한다고 할 수 있다. 구체적인 고객군은 다음과 같다.

① 매스 마켓(Mass Market)

비슷한 니즈와 문제들을 가지고 있어 고객군을 크게 구별하지 않는다. 소비자 가전 시장이 이런 모습이다(물론 마케팅에서는 소비자 가전 시장을 세그먼트화해서 상품 기획을 하고 커뮤니케이션 전략을 수립한다). 만일 아주 고가의 럭셔리 핸드백이나 수입 외제차 시장에 근무하는 사람이 있다고 하자. 마케팅에서는 이 각각의 제품들을 고소득층을 대상으로 하는 니치 마켓으로 구분하는 것과는 다르게 비즈니스 모델 캔버스에서는 하나의 매스 마켓 고객 세그먼트를 대상으로 한다고 표현한다. 제품을 구매하는 고객의 니즈가 서로 다르지 않고 고급 백화점이나 직영 매장 같은 유통 채널도 같고 일반적인 대중 광고

7 Nirmalya Kumar,"Marketing as Strategy"(*Harvard Business School Press*, 2004), pp.30－31.

를 하지 않고 회사가 가져가야 할 고객과의 관계도 같기 때문이다. 비즈니스 모델 캔버스를 그린다면 고객 세그먼트 란에는 매스 마켓이라고 적어 놓고 괄호 안에 고액 자산가 또는 자기만족을 위해 기꺼이 지갑을 여는 고객 같은 마케팅적 표현을 병기해도 좋을 것이다.

② 니치 마켓(Niche Market)

자동차 부품사와 자동차 회사와 같은 공급자-구매자 관계가 이런 모습이다. 가치 제안, 공급, 고객 관계 등에서 철저하게 맞춤형이다. 마찬가지로 다른 고객군과는 차별성을 보이고 같은 세그먼트 내에서는 동질성이 있으나 그 크기가 작은 경우를 나타내는 마케팅적 분류와는 차이가 있음을 유의해야 한다.

③ 세그멘티드(Segmented)

약간 다른 니즈와 문제들을 가진 고객군을 대상으로 하는 경우다. 시중은행에서는 일반 고객과 거액의 자산가를 구분해서 대응한다. 두 고객군 모두 안정성과 수익성을 추구한다는 공통 니즈가 있지만 일반 고객은 편의성, 거액자산가는 맞춤형 서비스에 대한 니즈가 더 크고 고객 일인당 은행의 이익에 기여하는 수준이 다르다. 고객군에 대한 가치 제안도 약간 다르고 고객과의 관계도 달라야 하고 고객에 접근하는 채널 역시 다를 수밖에 없다. 따라서 필요한 핵심 자원과 핵심 활동도 다르고 비용구조 역시 다르게 된다.

④ 다각화(Diversified)

아주 다른 니즈와 문제를 가진 두 개 이상의 서로 관련 없는 고객군을 상대하는 경우다. 예를 들어 아마존은 2006년부터 온라인 저장 공간과 온 디맨드 서버를 사용할 수 있는 클라우드 컴퓨팅 서비스를 판매하고 있다. 기존의 온라인 쇼핑을 하는 고객과는 완전히 다른 고객군을 상대하는 것이다. 국내의 LG전자의 자동차 부품 사업이나 삼성전자의 반도체 사업의 경우도 일반 가전 제품 고객군과는 완전히 서로 다른 고객군을 대상으로 한다. 따라서 전사의 전략 부서에서 하는 비즈니스 모델 캔버스 작업과 특정 제품의 영업을 담당하는 부서의 비즈니스 모델 캔버스는 다른 것이다. 따라서 고객군에 따라 각각 서로 다른 캔버스를 그려야 한다.

⑤ 멀티 사이디드(Multi sided)

두 개 이상의 독립적인 고객군을 대상으로 사업을 하면서 하나의 고객군의 증가/감소가 다른 고객군에도 영향을 미치는 관계에 있을 때를 말한다. 예를 들어 신용카드 회사는 카드 보유자도 고객이고 카드를 받는 대형 유통사도 고객이며 신문사는 많은 독자들을 끌어들여야 함과 동시에 광고주를 물색하여야 한다. 신용카드 회사는 카드 보유자가 늘어나면 카드를 받는 유통사도 늘어나고 유통사가 늘어나면 다시 카드 보유자가 늘어나고 신문사는 독자들이 늘어나면 광고주가 늘어난다(물론 신문사는 광고주가 늘어난다고 구독자가 늘어나지는 않는다). 내가 근무하는 회사(또는 근무하는 부서)는 어떤 고객 세그먼트를 대상으로 하는지 한 번 정리해 보아야 한다.

2) 고객 가치 제안(Value Propositions)

1)에서 정의한 우리 고객군의 문제를 해결하고 만족시키기 위한 제품과 서비스의 결합을 말하고 고객이 우리를 선택하는 이유가 된다. 고객 가치 제안은 다음과 같이 구분할 수 있으며 아래 구분 중 어느 하나가 아니고 복합적인 가치 제안을 하는 것이 일반적이다.

① 새로움

예전에는 그런 제안이 없어 고객이 전에는 인지하지 못했던 새로운 니즈를 충족시켜 주는 가치 제안이다. 대부분 기술과 연관 있지만 최근의 기업에 대한 기업관, 사회적 견해를 감안한 투자처럼 기술과 관련 없는 경우도 있다. 아이폰이나 테슬라 같은 경우도 새로움의 범주에 들어가는 가치 제안을 하면서 시장에 진입하였다.

② 성능, 품질

가장 전통적인 가치 제안이다. 우리가 일반적으로 TV를 보면 가장 많은 광고 형태도 아마 제품과 서비스의 질에 관한 것일 정도로 흔하지만 성능의 향상만을 통해 상응하는 수요를 지속적으로 창출하는 것은 한계가 있다(더 빠른 PC, 더 많은 디스크 저장 용량 등).

③ 맞춤형

개별 고객들이나 특정 고객군에 맞춤형 제품과 서비스를 제공하는 것이다. 은행에서 거액 자산가를 대상으로 제공하는 프라이빗 뱅킹 서비스, 항공사가 비즈니스 제트 비행기를 고객이 원하는 일정과 탑승객 수에 맞추어 제공하는 서비스 등이 있고, 디지털 기술의 발전으로 최근에는 mass customization, customer co−creation을 넘어서서 개인화를 더욱 실현 가능하게 하고 있다. 미국의 버드시즈는 세상에 단 하나밖에 없는 인형을 선물한다는 가치 제안을 한다. 아이가 그린 그림을 온라인으로 보내면 패턴 제작, 샘플 제작, 염색, 재단 등의 과정을 모두 디지털화하고 봉제만 사람이 수행하는 프로세스 혁신을 통해 어린 아이가 그린 그림과 똑같은, 세상에 하나밖에 없는 인형을 100달러에 만들어 팔고 있다. 아디다스 스피드 팩토리는 고객의 체형에 꼭 맞는 신발을 원하는 소재, 원하는 디자인으로 만들어, 원하는 시간에 전달하는 비즈니스 모델을 선보였다.[8]

---

8 김용진, 『온디맨드 비즈니스 혁명 오직 한 사람에게로』 (샘앤 파커스, 2020) pp.73−74, p.89.

④ 고객이 고유 업무에만 집중

가치는 고객이 고객의 업무에만 전념할 수 있게 해주는 것으로도 창출된다. 롤스로이스의 항공사 고객들은 제트 엔진의 제조와 서비스 전반을 롤스로이스에 맡겨 놓고 항공사 운영에만 집중하고 대신 제트 엔진 사용 시간당 요금을 지불한다. 렌터카 역시 고객이 렌트 기간 동안 엔진 오일을 교환하거나 고장 수리 등을 대신해주고 고객은 차량 운행만 할 수 있도록 해준다는 점에서 리스와 다르다.

⑤ 디자인

패션이나 자동차, 소비재 가전 산업에서 특히 중요하지만 어느 메이커의 가치 제안이 더 좋은지 객관적으로 측정하기는 어렵다.

⑥ 브랜드/사회적 지위

고급 차량, 명품 백 등의 하이엔드 제품군이 주로 하는 가치 제안이며 디자인과 마찬가지로 객관적인 측정은 어렵다.

⑦ 가격

비슷한 가치를 더 싼 값에 제공하는 것은 가격에 민감한 소비자군의 니즈를 충족시켜주는 일반적인 방법이다. 그러나 가치 제안을 가격으로 하는 경우 비즈니스 모델의 다른 요소들이 전부 저가의 가치 제안에 맞게 설계되어야 한다. 사우스웨스트 항공의 성공 이후 많은 항공사들이 사우스웨스트를 따라 했지만 성공하지 못한 경우가 더 많은 것은 기존의 일반 항공사와 같은 비즈니스 모델에 고객에게 제공하는 가치만 저가로 바꾸었기 때문이다.

⑧ 고객 비용 절감

고객의 비용을 절감시켜 주는 가치 제안이다. 에너자이저의 오래 가는 건전지나 Salesforce.com이 고객의 CRM 소프트웨어를 구매, 설치, 관리하는 비용을 절감시켜주는 것 같은 경우가 이에 해당한다.

⑨ 고객 위험 감소

온라인 쇼핑이 처음 도입되었을 때는 책이나 음반처럼 고객이 직접 만져 보고 입어보고 하지 않아도 되는 제품 위주로만 판매를 시작하였다. 즉 온라인 쇼핑이라는 새로움과 시간과 장소에 구애되지 않는 편리함이라는 가치 제안으로 시작하였지만 소비자가 물건을 확인하고 언제든지 편리하게 반품할 수 있도록 고객의 위험을 감소시켜 주는 가치 제안으로 확장되면서 취급하는 제품의 종류나 숫자가 획기적으로 늘고 고객도 폭발적으로 증가하게 되었다.

위의 가격, 고객 비용 절감, 고객 위험 감소는 비슷한 제안인 것 같지만 고객군에 따라 상대적인 중요도가 다르다는 것을 영업에서 정확하게 이해하고 대응해야 한다. 예를 들어 신축 건물에 냉난방기를 공급한다면, 이때 의사결정을 하고 대금을 지불하는 고객이 그 건물을 어떻게 활용하려고 하는지를 감안한 가치 제안을 해야 한다. 즉 건물을 지어서 팔려는 고객에게는 가격이 더 중요한 가치 제안이고 임대 혹은 사옥과 같은 활용 용도를 가진 고객은 유지 보수비라는 고객 비용 절감과 애프터 서비스의 보장과 같은 고객 위험 감소가 상대적으로 더 중요하다.

⑩ 접근성

이전에는 해당 제품/서비스를 사용하지 못했던 고객들에게 사용할 수 있도록 해 주는 가치 창조 방법이다. 비즈니스 모델을 혁신하든지 새로운 기술의 도입 또는 두 가지의 결합으로 가능하다. 예를 들에 NetJets은 자가용 비행기가 너무 비싸고 유지 관리비에 대한 부담 때문에 사용하지 못했던 고객들에게 일정 금액을 내면 일정 횟수를 이용할 수 있게 해 주는 부분 소유 방식의 비즈니스 모델을 항공기 업계 최초로 도입하였다. 뮤추얼 펀드 역시 여러 투자자들의 돈을 모아 하나의 독립된 회사로 운영하여 주주의 운영 및 참여가 자유롭고 개방적인 특징을 가지고 있어 소액을 가지고는 은행에 예금만 하던 고객들에게 다양한 투자 기회에 대한 접근성을 높여주었다.

⑪ 편의성/사용성 향상

고객이 좀 더 편리하게, 쉽게 사용할 수 있는 가치를 창조하는 방법이다. 넷플릭스 같은 OTT 업체들은 극장에 가지 않아도 편하게 집에서 영화를 볼 수 있게 하고 또는 본 방송 시간을 놓친 드라마 같은 TV 프로그램을 언제든 볼 수 있게 하고, 애플의 i–Tunes는 언제 어디서나 편하게 음악을 체험할 수 있게 해 준다.

위에서 설명한 고객 가치 제안의 여러 형태는 이 중 하나만 선택하는 것이 아니고 대부분 여러 가지가 결합된 모습이다. 단 브랜드/사회적 지위의 범주에 속하는 가치 제안과 가격 위주의 가치 제안은 같이 가기 어렵다. 그렇다고 모든 범주의 가치 제안이 다 결합되어 있다고 반드시 좋은 것이라고 하기도 어렵다. 우리가 타깃으로 하는 고객에게 중요하면서도 느끼는 불편함이 큰 문제를 얼마나 확실하게 해결해 주는 가치 제안인가가 중요하다(4장. 소비자에 대한 이해 부분에서 보다 상세하게 설명한다).

이제 우리 회사의 제품이 현재 제공하고자 하는 가치 제안에 대해 검토한다. 어떤 가치 제안을 하고 있는가? 위에서 11가지의 범주를 나누어 설명한 것을 하나하나 짚어 보면서 어떤 가치 제안을 하고 있는지 생각해 본다.

예를 들어 우리 회사의 가치 제안에 새로움의 범주에 속하는 것이 어떤 것이 있는가, 성능에서는 어떤 것이 있는가, 고객 맞춤형 같은 가치 제안을 하는 것이 있는가 등등 가치 제안에 대해 쉬우면서도 공감할 수 있는 한 문장으로 표현할 수 있는 영업맨은 많지 않을 것이다. 대부분 성능, 가격과 관련된 가치 제안일 것이고 경쟁사 대비 그렇게 차별적이지도 않을 것이다. 그렇다면 가격 경쟁을 피할 수 없다.

3) 채널

채널은 어떤 유통을 통해 판매를 할 것인가만 말하는 것이 아니고 우리가 목표로 한 고객군에게 우리의 가치 제안을 어떻게 소통하고 접근할 것인가를 말하는 요소이다.

- 우리의 제품/서비스를 알리고: 홍보, 전시회 참가, 광고, 유통 현장에서의 전시 등
- 고객이 우리의 가치 제안을 평가할 수 있도록 돕고: 사용설명회, 체험 고객 모집, 미국의 컨슈머 리포트 같은 저명한 품질 평가 기관의 평가 순위, 온라인상의 구매 후기, 입소문 등
- 구매할 수 있도록 하고: 어떤 유통에서 고객이 우리 제품을 구매하게 할 것인가를 결정하는 것으로 가치 제안과 밀접한 관계가 있다.
- 구매 후에도 계속 고객을 지원: 애프터 서비스 등

우리는 어떤 채널을 통해 목표 고객군에게 접근하길 원했고 지금은 어떻게 접근하고 있는가, 현재 구성이 어떻게 되어 있고 어떤 채널을 통했을 때 가장 고객군에게 가치 제안이 잘 전달되었는가, 어떤 채널이 가장 비용 효율적인가 하는 부분을 영업/마케팅에서 지속적으로 점검해야 한다.

4) 고객 관계

목표 고객군을 어떻게 획득하고 유지하고 확대할 것인가에 관한 것이다. 우리 고객군은 우리와 어떤 관계를 가져가기를 원하는지, 지금까지의 관계는 어떻게 설정되었는지, 고객과의 관계 설정에 비용은 얼마나 드는지, 비즈니스 모델 캔버스의 다른 블록들과는 어떻게 연결되어 있는지를 살펴보아야 한다.

고객 관계의 유형에는 다음과 같은 것들이 있다.

① 사람의 지원

사람과 사람의 상호 작용에 기반을 두고 있다. 예를 들어 판매 현장에서 판매원이 도움을 주는 것, 콜 센터에서 고객과 유선상으로 1:1 대화를 하는 것, 애프터 서비스 센터 운영 등이 이에 해당한다. 우리 제품/서비스와 고객 간 중요한 접점이므로 어떻게 운영할 것인가에 대한 많은 고민이 필요한 부분이다. 실제 유능한 현장 판매원과 일반 판매원의 판매 성공 비율에는 상당한 차이가 존재한다. 따라서 현장 판매원의 육성과 유지는 영업의 현장 관리의 주요 항목이다.

② 전담 인원을 통한 지원

특정 고객에 대해 전담 요원을 배치하는 방식이다. 은행의 프라이빗 뱅킹에서 거액 예금자를 위한 전담 금융 상품 포트폴리오 전문가를 두는 것, 대형 거래선에 대한 전담 영업 사원(혹은 팀)을 배정하는 것, 콜 센터나 애프터서비스 센터에 VIP 전용 번호를 별도로 운영하는 것 같은 경우이다.

③ 셀프 서비스

고객과의 직접적인 관계는 없는 경우이다. 유통의 경우 현장 판매원을 두지 못하게 하는 경우가 있고 또 반드시 현장 판매원을 두도록 하는 곳도 있다.

④ 자동화된 서비스

자동화된 프로세스를 통해 서비스를 제공하는 것이다. 예를 들어 넷플릭스 등에서 고객의 성향을 파악해서 컨텐츠를 추천하거나 아마존 등에서 도서 구입을 할 때 책을 추천하는 것 등이 여기에 해당한다.

⑤ 커뮤니티

고객과 더 밀접한 관계를 맺기 위한 노력이 최근 증가하고 있다. 온라인 커뮤니티 등을 통해 정보를 제공하고 교환하여 고객이 제품/서비스에 대한 이해를 증진시키고 심리적인 밀착도를 높인다.

⑥ 공동 창조

전통적인 생산자/소비자 관계에서 발전해서 고객의 참여로 제품/서비스의 질을 높여주는 경우이다. 아마존에서 고객에게 서평을 쓰도록 유도하고 고객의 서평을 통해 다른 독자들도 유인하는 것 등은 이제 모든 온라인 판매 플랫폼에서 일반화 되었고 유튜브 같은 경우에는 일반인들이 생산자도 되고 소비자도 되고 있으며 최근에는 디지털 기술의 발전으로 온 디맨드로 특정 개인만을 위한 제품을 만들어 공급하는 단계로 진화하고 있다.

5) 매출 흐름

기업이 각 고객군에서 제품/서비스 판매를 통해 창출하는 현금이다. 이 매출 흐름을 보고 우리가 제공하는 가치에 정말로 고객이 지갑을 열려고 하는지, 무엇을 위해 지불하는지, 어떻게 지불하고 있으며 어떻게 지불하게 하면 고객이 더 가치를 느낄 것인지, 각각의 매출이 전체 매출에 얼마나 기여하고 있는지를 점검해 보아야 한다.

매출을 창출하는 데는 여러 가지 방법이 있다.

① 제품의 양도

실제 제품의 소유권을 고객에게 넘기는 가장 일반적인 판매 방식

② 사용료

특정 서비스 사용에 대한 요금을 받는 방식. 통신사는 통화 시간에 따라 요금을 받고 호텔은 숙박 일수에 따라 요금을 받는 일반적인 방식

③ 구독료

서비스에 대한 지속적인 접근에 대해 비용을 받는 형태. 헬스 클럽 회비, 온라인 게임 등

④ 대여/리스

비용을 받고 특정 기간 배타적 사용 권리를 주는 방식. 렌터카, 자동차 리스 등

⑤ 라이센싱

지적 재산권 활용에 대한 대가를 받는 방식

⑥ 중개 수수료

카드 회사나 부동산 중개업소 등에서 요금을 받는 방식

⑦ 광고

미디어 산업의 전통적 매출 창출 방식으로 최근엔 소프트웨어 업체들도 이 방식을 적극 활용하고 있다.

6) 핵심 자원

비즈니스 모델이 작동하기 위해 필요한 가장 중요한 자산을 나타내는 블록이다. 즉 앞에서 논의했던 다른 블록인 가치 제안, 채널, 고객 관계, 매출 흐름을 실현하기 위해 필요한 핵심 자원은 무엇인지를 분명히 하는 것이다.

기업의 핵심 자원에는 다음과 같은 것들이 있다.

① 실물 자산

생산 시설, 건물, 기계 등을 말한다. 월마트나 이마트 같은 유통업체는 충분한 매장이 있어야 하고 제조업체는 공장과 기계가 필요하다.

② 지적 재산

브랜드, 전문 지식, 특허 등을 말한다. 예를 들어 고객에 대한 가치 제안이 브랜드/사회적 지위인데 회사가 그 브랜드를 소유하고 있지 않다면 (혹은 파트너십을 통해 확보하고 있지 않다면) 비즈니스 모델 자체가 성립할 수 없다.

③ 인적 자원

지식 집약적 산업에서 특히 중요하지만 일반 기업에서도 비즈니스 모델의 각 블록에서 의도한 바를 구현하기 위해선 유능한 인적 자원의 확보가 필수적이다.

④ 재정적 자원

아무리 좋은 비즈니스 모델을 창안해도 그것을 실현할 재정적 자원이 없으면 작동할 수 없다.

7) 핵심 활동

비즈니스 모델이 작동하게 하기 위해 기업이 해야 할 가장 중요한 활동을 나타내는 블록이다.

- 제조: 생산관리, 원가관리 등 일반 제조 업체의 핵심 활동
- 문제 해결: 컨설팅 회사나 병원, 기타 서비스 회사의 핵심 활동
- 플랫폼/네트워크 구축: 온라인을 통한 제품/서비스를 판매하는 회사의 핵심 활동

핵심 활동과 핵심 자원은 밀접한 관계를 맺고 있다.

8) 핵심 파트너십

핵심 자원과 핵심 활동 사이에 갭이 있는 경우 또는 자체적으로 하는 것보다 더 효율적이라고 판단되는 경우에는

- 다른 기업과의 전략적 제휴
- 조인트 벤처의 설립
- 핵심 부품/재료의 안정적 공급을 위해 구매자-공급자 간 전략적 파트너십 설정을 할 필요가 있다. 우리의 핵심 파트너가 누구이고 누가 핵심 공급자이며 파트너들로부터 취득하는 핵심 자원이 무엇이고 어떤 핵심 활동들을 우리가 아닌 파트너들이 하는지에 대한 명확한 설정과 이해가 있어야 한다.

9) 비용구조

고객 가치를 창조하고 전달하는 것, 고객 관계를 유지하는 것, 매출을 창출하는 것 모두 비용이 든다. 이런 비용은 핵심 자원, 핵심 활동 그리고 핵심 파트너십을 분명히 하면 비교적 쉽게 계산할 수 있다. 어떤 비즈니스 모델이라도 비용은 최소화되어야 하지만 저가 항공사 같은 비즈니스 모델은 완전히 저비용 구조(Cost-driven) 위주로 구성되고 럭셔리 제품을 파는 회사의 비즈니스 모델은 가치 창출구조(Value-driven) 위주로 구성된다. 대부분의 회사의 비용 구조는 두 구조 중간 어디에 위치하게 된다.

영업을 하는 사람들은 우리 회사의 비용 구조에 대한 정확한 이해를 해야 하고 정확한 이해를 한다는 것은 우리 회사의 고정비(fixed costs)와 변동비(variable costs) 구조가 어떻게 되는지를 알고 규모의 경제(economies of scale)와 범위의 경제(economies of scope)가 어떤 경우에 얼마나 효과를 낼 수 있을지에 맞추어 영업을 한다는 것을 말한다.

3 자사 경쟁 현황에 대한 분석적 접근

우리 회사의 경쟁 현황과 관련해서 주로 논의하는 것은 자사와 경쟁사의 매출액이 얼마이고, 매출 성장률이 어떻고 영업이익은 얼마가 났고 그래서 영업이익률이 어떻고 영업이익의 개선율이 어떻게 되고 시장점유율은 몇 %여서 경쟁 순위가 몇 위에서 몇 위가 되었다, 아마 이런 내용일 것이다. 그러나 매출액이나 영업이익, 시장점유율 같은 지표는 결과 지표이므로 왜 그런 결과가 나왔는지에 대한 원인을 모르면 대책을 세울 수 없다. 복잡한 수식이 인수분해라는 과정을 거치면 훨씬 명료하게 정리되듯이 분석을 통해 경쟁 현황을 정확하게 정리하여야 하고 그러기 위해선 적절한 분석 방법과 도구가 필요하다.

1) 평균 판가와 매출 수량에 의한 분석

우리나라 수입 자동차 시장을 대상으로 각 브랜드별로 평균 판가(Average selling price, ASP)와 수량이라는 기준을 가지고 나누어 본다.

가장 많은 판매량을 기록한 벤츠는 평균 판가 역시 1억이 넘으며 다음으로 많이 판 BMW는 아우디와 비슷한 평균 판가에 수량은 훨씬 많이 판 것을 알 수 있다. 롤스로이스, 벤틀리, 람보르기니 같은 브랜드는 판매 수량은 적지만 평균 판가에서 각각 1, 2, 3위를 차지하고 있다. 이렇게 평균 판가와

그림 2-4 Brand별 ASP-판매량 분포

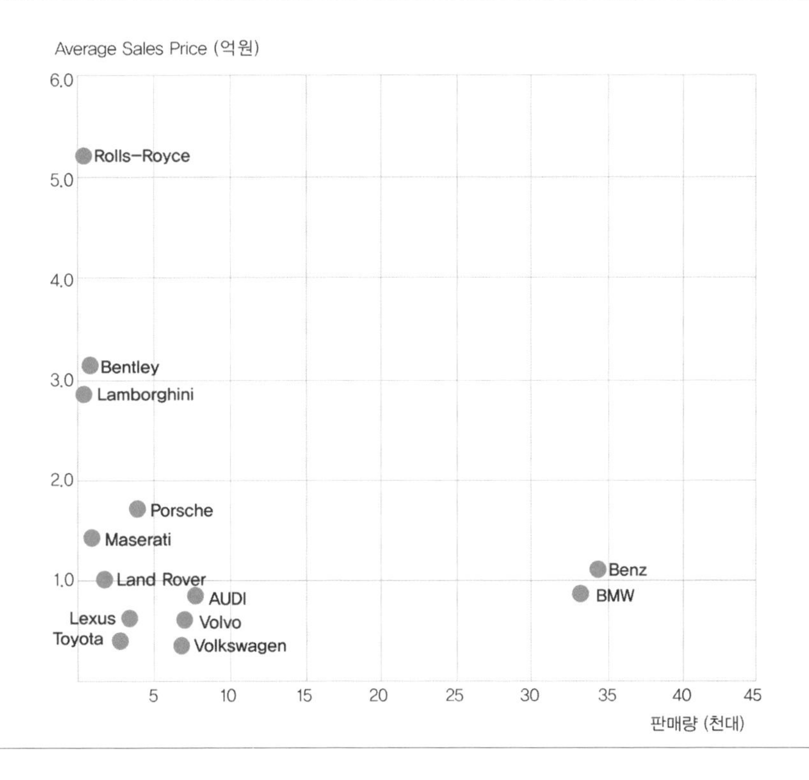

판매 수량이라는 기준을 가지고 경쟁 현황을 나타내면 각 브랜드들이 시장에서 어떤 모습으로 경쟁하고 있는지에 대한 전체 그림이 좀 더 명확해진다.

같은 회사의 제품을 여러 국가에서 판매하는 경우 국가별로 이렇게 평균 판가와 판매 수량을 나타내 보면 상당히 다른 모습을 보이게 된다. 국가별로 브랜드의 위상이 조금씩 다르고 잘 팔리는 모델의 믹스가 다르기 때문이다.

2) 누출 분석(Leakage analysis)

맥킨지의 컨설턴트와 UCLA대학 경영학과 교수를 지낸 일본의 오마에 겐이치(大前研一)는 다음과 같은 누출 분석이라는 분석 도구를 제안하였다.[9]

그림 2-5 누출 분석

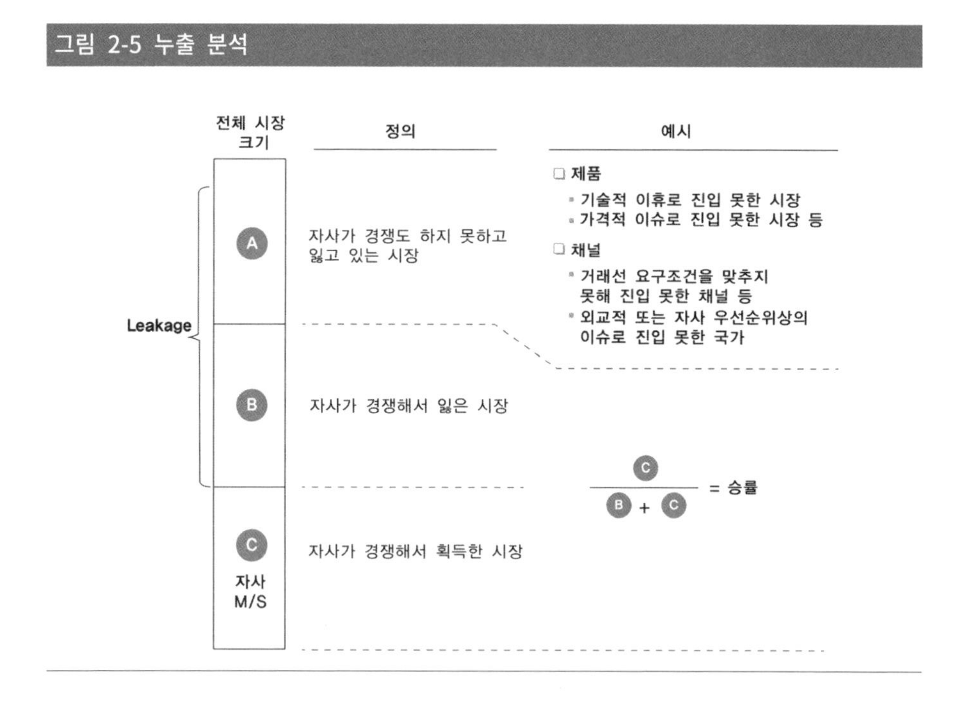

9 大前研一のアントレプレナー育成講座―アタッカーズ・ビジネススクール〈Part5〉アタッカーズ・ビジネススクール (プレジデント社 2003). pp.253-257.

만일 우리 회사의 현재 시장점유율(Market Share, M/S)이 10%라고 한다면 나머지 90%는 우리 회사 입장에서는 누출이 되고 있는 것이다. 그 누출 원인을 분석해서 경쟁도 못 하고 잃고 있는 시장의 크기가 얼마이고 왜 경쟁도 못하고 있는지를 파악해서 그 시장의 크기를 줄이는 것이 첫 번째 과제이고 두 번째 과제는 경쟁하고 있는 시장에서 승률을 올리는 것이다.

① 경쟁도 못하고 잃고 있는 시장 줄이기

우리가 경쟁도 못하고 시장을 잃고 있다면 결과적으로 경쟁 상대방에 부전승이라는 승리를 안겨주게 된 것과 같다. 즉 상대방은 자원 소비를 최소화할 수 있게 되는 것이다. 이런 결과가 나오게 되는 원인은 다음과 같다.

• 외교적인 이유 또는 기업 사정으로 진입하지 못한 국가의 시장

글로벌 영업의 경우 우리나라와의 외교적 이슈로 진입하지 못한 국가가 있을 수 있고 또는 시장 규모가 작거나 지속적인 적자 등의 이슈로 철수한 국가의 시장이 이에 해당한다. 외교적인 이슈는 기업이 해결할 수 있는 범위를 넘어서는 것이고 기업 사정에 의한 미진입 국가의 시장은 의도적으로 포기한 것이므로 주기적으로 재진입 여부를 검토하는 것 외에는 해결할 방법은 없다.

• 진입 국가내 미진입 유통

특정 유통에서 요구하는 고마진이나 과도한 마케팅 비용 요구를 맞추어 주면 이익이 안 나는 경우나, 과거 분쟁이 아직 해결이 안 되어서 혹은 유통의 성격상(상설 할인 매장 등) 우리 브랜드 보호를 위해, 우리 회사의 결정에 의해 진입하지 않은 경우가 있고, 납품을 받는 공급사의 수를 제한하거나 (미국의 Costco 같은 유통은 제품당 4~5개 정도의 공급사로 제한) 유통의 브랜드 보호를 위해 유통의 결정에 의해 우리 회사가 진입하지 못하는 경우, 이 두 가지 경우로 나누어 볼 수 있다. 이 부분에 대해서는 3장 거래선에 대한 이해에서 상세하게 설명할 예정이다.

- **제품적인 이유**

우리 회사가 경쟁사 특허나 기술의 부족으로 혹은 특정 부품을 공급받지 못해 제품을 못 만들어서 잃는 시장이 있다. 애플의 i-OS는 안드로이드와 달리 다른 어떤 휴대폰 제조사도 사용할 수 없어서 i-OS를 탑재한 중저가 폰으로 애플과 차별화하고 싶은 기업이 있어도 실제 시장에 진입할 수는 없다. 전기차 배터리는 리튬, 코발트, 망간, 흑연 등의 광물이 원료인데 수요가 급증하게 되어 원재료 확보가 어려운 기업은 판로는 있어도 원재료가 없어 시장을 잃게 되는 사태가 발생할 수도 있다.

또 우리 회사의 원가 구조상 시장에서 요구하는 특정 가격을 맞출 경우 적자가 발생하여 포기하는 시장도 있고 애초 제품을 기획하는 단계에서 어떤 유통에서 팔 것이며 그 유통이 팔고자 하는 가격대가 어떻게 되는지를 먼저 생각하지 않고 자신들만의 생각으로 제품사양을 정하고 비용+기대이익으로 가격을 적용하는 오류를 범해서 유통에 진입하지 못하는 경우가 있다. 필자는 chapter 1에서 올림픽 이야기를 하면서 복싱이나 태권도, 유도 같은 체급 경기의 예를 든 바가 있다. 시합에 나가는 선수가 자신의 종목에 몇 개의 체급이 있는지를 알고 어떤 체급으로 출전하는 것이 좋을지를 사전에 정하고 그 체급의 체중 한계에 맞추어야 하는 것처럼 제품을 기획할 때도 어떤 유통에서 어떤 가격대로 팔 것인지를 사전에 정하고 그 가격에서 이익이 날 수 있도록 하여야 한다. 이를 위해 영업에서는 유통별 정보를 사전에 제품 기획 부서에 제공하여야 한다. 예를 들어 미국 오프라인 유통의 경우 재고 관리를 위해 많은 모델을 운영하지 않는다. 55인치 TV라고 한다면 저가, 중가, 고가에 각 하나 혹은 두 모델 정도만 운영하는데 329달러 ,349달러 혹은 399달러 이런 식으로 끝자리가 9인 경우가 대부분이다. 유통에서 그 가격에 소비자

가격을 정하면 공급자는 거기서 유통에 주어야 하는 마진과 자신들의 영업 비용을 감안한 공급 가격을 정해야 하는데 불과 몇 달러 차이로 가격을 못 맞추게 되는 경우가 있다. 원가 구조의 문제가 아니고 애초 기획 단계에서 대형 유통의 제품 운영에 대한 이해 부족으로 발행하는 문제다. 그럼에도 불구하고 유통진입을 위해 무리하게 공급을 하게 되면 적자를 고스란히 떠안게 되는 것이다.

• **영업적인 이유**

뒤에서 설명한 슬랏 개념에 대한 영업의 이해 부족으로 같은 슬랏에 여러 개의 모델을 운영하고 어떤 슬랏은 비워 놓는다든지, 프로모션 등의 결과로 특정 기간 동안 인식하지 못한 상태에서 슬랏을 이탈해서 발생하는 경우다.

다음의 3) 슬랏 분석을 통해 상세하게 설명하겠다.

② 경쟁하여 지고 있는 시장에서 승률 올리기

영업적 대응: 각 슬랏별로 경쟁 현황에 대한 분석을 통해 경쟁사 공략 포인트와 자사의 소구 포인트를 재정리해서 대응하는 방법과 운영 모델들의 슬랏 재조정(상위 혹은 하위 슬랏으로 이동)을 하는 방법이 있다.

제품적 대응: 기존 슬랏에서 소비자에게 주는 가치를 올려줄 수 있는 제품을 만들거나 아예 새로운 슬랏을 만드는 방법이 있다. 1984년 경영난으로 존폐의 위기에 있던 미국의 자동차 회사 크라이슬러는 스테이션 왜건과 승합차의 장점을 합친 미니밴을 탄생시켜 공전의 히트를 치게 되었다. 이렇게 완전히 독자적인 슬랏을 만들어 내는 경우는 경쟁사가 모방 제품을 출시하기 전까지는 100% 승률을 가져갈 수 있고 그 사이 해당 카테고리의 선구자라는 브랜드 파워가 생겨 이후 경쟁에서도 상당히 유리한 위치를 차지하게 된다.

2000년대 중반 소니 에릭슨은 뮤직 폰이라는 새로운 컨셉의 제품을 출시하여 당시 일반 보이스 통화 폰, 고급 보이스 통화 폰, 비디오/이미징 폰, 인터넷/비즈 폰으로 나누어져 있던 휴대폰 시장에 새로운 테마를 만드는 결과를 가져왔고 2005년 유럽 전체 휴대폰 시장에서 시장점유율 10%를 달성하고 2007년에는 16%까지 상승하는 원동력이 되었다. 이 제품적 대응에 대해서는 4장 소비자에 대한 이해 부분에서 보다 상세하게 설명할 예정이다.

3) 슬랏 분석(Slot Analysis)

소비자들이 어떤 제품을 살 것인가를 선택하는 것은 일련의 단계적 의사 결정 과정으로 볼 수 있다.[10] 자신이 생각하는 예산과 제품/서비스의 기능과 사양 그리고 좋아하는 브랜드 등의 조건을 가지고 몇 개의 대상으로 압축해서 그 중에서 최종 결정을 하게 된다. 필자가 마케팅에서 말하는 고려상표군(consideration set)의 개념을 원용하고 스포츠의 체급 경기 개념을 합쳐 현업에서 시장에서의 경쟁 현황을 분석하기 위해 고안한 것이 바로 슬랏 분석이란 개념이다.

슬랏 분석은 두 가지 축을 가지고 시장을 세분화하는 방법이다. '어떤 축을 기준으로 시장의 구조를 볼 것인가'라는 축을 정하는 것 그리고 '그 축을 중심으로 어느 부분에서 시장을 나눌 것인가'하는 두 가지가 핵심이고 이때 제조사의 기준이 아니고 소비자의 관점에서 축을 정하고 시장을 나누어야 한다. 예를 들어 설명을 해보자. 만일 소비자가 온라인 쇼핑몰에서 샴푸를 하나 구매한다고 가정하면, 먼저 쇼핑몰에 들어가서 원하는 제품 카테고리를 입력해서 검색을 시작할 것이다. [그림 2-6]은 쿠팡에서 샴푸를 검색했을 때의 첫 페이지 모습이다.[11]

---

10 안광호, 한상만, 전성률, 『전략적 브랜드 관리』(학현사, 2019), pp.66-67.

11 쿠팡 홈페이지 내 샴푸 검색, https://www.coupang.com, 2022.12.20 오후 4시 기준

그림 2-6 쿠팡에서 샴푸 검색시 페이지

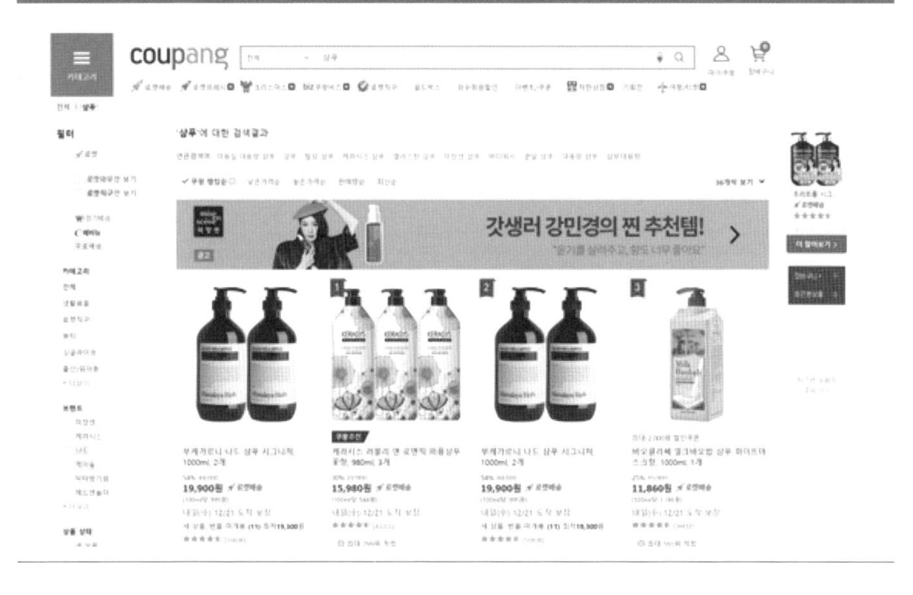

그림 2-7 쿠팡의 샴푸 분류 기준

브랜드
- 케라시스
- 헤드앤숄더
- 나드
- 미쟝센
- 제이숲
- 닥터방기원
- + 더보기

상품 상태
- 새 상품
- 박스 훼손
- 재포장
- 리퍼
- 반품
- 중고

낱개상품 여부
- 낱개상품

헤어케어타입
- 두피관리
- 탈모증상완화도움
- 수분/영양
- 볼륨강화
- 퍼퓸케어
- 곱슬관리
- + 더보기

본품/리필
- 리필
- 본품
- 본품+리필

두피타입
- 일반두피
- 건성두피
- 지성두피
- 민감성두피

개당 용량
- 50ml 이하
- 50~100ml
- 100~500ml
- 500ml~1L
- 1~2L
- 2L 이상

성별
- 남
- 여
- 남녀공용

출시 연도
- 2023년도
- 2022년도
- 2021년도
- 2020년도
- 2019년도
- 2018년도

별점
- 별점 전체
- 4점 이상
- 3점 이상
- 2점 이상
- 1점 이상

가격
- 가격 전체
- 8천원 이하
- 8천원~1만 6천원
- 1만 6천원~2만 4천원
- 2만 4천원~3만 2천원
- 3만 2천원 이상

그림 2-8 기능에 따른 샴푸 가격 차이 예시

쿠팡에서 파는 샴푸만 해도 수백 종류가 넘는다. 사진에는 글씨 크기가 작아서 잘 안 보이지만 왼쪽에는 소비자의 편의를 위해 해당 제품을 구매하는 소비자들이 구매의 기준으로 많이 선택하는 항목들에 체크를 해서 검색되는 제품의 종류를 줄일 수 있도록 하였다. 어떤 항목들이 있는지 보면 [그림 2-7]과 같이 브랜드, 상품 상태부터 가격까지 10개의 항목이 있다.

이 10개의 항목 중 '소비자들이 가장 중요하게 생각하는 것들이 어떤 것일까'에 대한 판단이 축을 설정하는 기준이 된다. 소비자 조사를 통해서도 알 수 있겠지만 필자는 생활용품 회사에 근무한 적이 없어도 쿠팡에서 판매하는 샴푸들을 하나하나 살펴보면, 그냥 일반 샴푸에 비해 두피 타입에 따른 특성화 샴푸가 약간 높은 가격을 형성하고 있고 탈모 증상 완화나 염색 기능이

표 2-1 샴푸 시장 슬랏 분석

가격 \ 헤어케어 type	일반		탈모증상 완화	염색 샴푸
	범용	두피 type		
₩ 28,000 이상				
₩ 21,000~28,000				
₩ 14,000~21,000				
₩ 7,000~14,000				
₩ 7,000 이하				

그림 2-9 SSG.com, 마켓컬리, 롯데온의 샴푸 가격 분류 기준

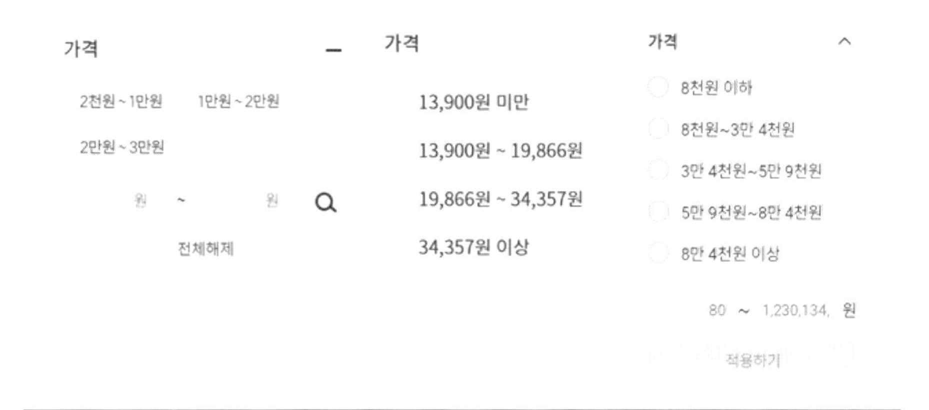

있는 샴푸들은 [표 2－1]처럼 가격대가 달라진다는 것을 알 수 있었다. 그런 기능이 있는 제품들이 더 비싸게 팔리는 것은 그만큼 소비자들이 볼 때 지불 가치가 더 있다고 판단하는 것이다.

따라서 샴푸 시장을 슬랏 분석을 통해 시장 세분화를 한다면 다음과 같은 축을 기준으로 할 수 있다. 이때 가격대별 분류는 일단 쿠팡의 기준을 따랐다. 그러나 본 연구자가 SSG.com, 마켓컬리 그리고 롯데온에서 샴푸를 검색해 보면 분류의 기준은 대동소이하나 가격대 구분은 [그림 2－9]처럼 제각각 다른 것을 알 수 있었다. 따라서 실제 샴푸 시장 분석을 할 때는 분석을 해 가면서 어떤 가격대가 소비자들의 심리적 저항선인지를 찾아서 재구분할 필요가 있고 이 부분은 본 연구자가 실제 자료를 가지고 분석한 수입 자동차 시장분석에서 상세하게 설명한다.

다만 영업적인 측면에서 각 온라인 쇼핑몰의 가격대 구분이 다른 것은 잘 활용하여야 한다. 즉 해당 쇼핑몰에서 소비자는 가격대 구분에 따라 클릭을 할 것이고 자사의 제품이 어떤 가격대에서 소비자에게 보여지느냐에 따라 판매량이 달라질 가능성이 크다. 즉 쿠팡은 6,999원에 소비자 가격을 설정해

표 2-2 2022년 상반기 수입 차 시장 Slot 분석 (전기차 제외)

배기량 / 마력 / 가격	2,000CC 이하 (62%)				2,000~3,000CC (30%)					3,000CC 이상 (8%)			
	200 마력 이하	200 ~300 마력	300 ~400 마력	400 마력 이상	200 마력 이하	200 ~ 300 마력	300 ~400 마력	400 ~500 마력	500 마력 이상	200 ~300 마력	300 ~400 마력	400 ~500 마력	500 마력 이상
총계 (124.6천대)	24.4	48.1	4.8	0.1	4.8	10.1	18.7	3.4	0.5	1.4	2.1	1.5	4.6
(비중)	20%	39%	4%	0%	4%	8%	15%	3%	0%	1%	2%	1%	4%
1.5억 이상 (10%)						0.7	5.4	0.9		0.2		0.5	4.3
1억~1.5억 (16%)		0.5	0.7			5.5	10.2	1.6	0.4	0.1		0.4	0.3
7천~1억 (26%)	4.5	19.3	2.1	0.1	0.1	2.1	2.0	1.0		0.8	0.1	0.6	
5천~7천 (31%)	6.1	26.4	1.0		2.4	0.5	1.2			0.4	0.3	0.1	
4천만원대 (10%)	7.4	1.9	0.9		1.4	1.1							
3천만원대 (6%)	4.8				0.9	0.1					1.7		
3천만원 미만 (1%)	1.7												

서 7,000원 이하 슬랏에서 제일 비싼 제품으로 보일 것인가, 아니면 7,100원에 설정해서 7,000원~14,000원대 슬랏에서 저렴한 제품으로 보일 것인가를 고민해야 한다. 마찬가지로 다른 쇼핑몰에서는 또 다른 가격 기준을 적용하므로 용량을 늘리고 줄이거나 아니면 2~3개를 번들로 하거나 해서 어떤 가격대에서 경쟁할 것인가를 결정하여야 한다.

[표 2-2]는 우리나라 수입 자동차 시장의 모델별 경쟁 현황을 분석한 것이다. 가로축은 자동차의 성능을 나타내는 배기량과 마력을 기준으로 구분하였고(필자는 자동차 영업을 해 본 적이 없어 나름대로 고민을 해서 배기량과 마력을 기준으로 하였는데 실제 업계에서는 다르게 분석을 할 수도 있다) 세로축은 가격과

그 가격대별 시장의 크기이다. 가격을 이와 같이 나눈 것은 일단 신문에 보도된 한국 수입 자동차 협회의 기준에 따른 것이다. 즉 2022년 상반기까지 전체 시장이 약 124,600대였는데 가격대를 기준으로 하면 3천만원 이하는 전체 시장의 1% 수준인 (정확하게는 1.36%) 1,700대 정도였고 3천~4천만원대는 6% 크기 이런 식으로 구분할 수 있고 가로축의 자동차의 배기량/마력 기준으로 보면 2,000CC 이하가 62% 크기인데 세분하면 200마력 이하가 20%, 200~300마력 사이가 39% 이렇게 구분하였다는 뜻이다.

분석표를 볼 때 제일 아래쪽에 3천만원 미만에는 배기량이 2,000CC 미만에 200마력 이하 차만 있고 이렇게 가격대와 제품의 주요 사양이 만나는 공간을 슬랏이라고 하고 이 슬랏이 격투기 종목의 체급이라고 이해하면 된다. 같은 슬랏에 있는 제품이라는 것은 소비자의 고려군(consideration set)에 들어가 비교의 대상이 될 수 있는 제품이다. 이 슬랏은 크기가 전체 시장의 1%를 약간 넘는 약 1,700여 대의 차가 팔린 작은 슬랏이고 폭스바겐의 제타 1.4 TSI, 시보레의 Equinox, 그리고 도요타의 Prius C가 경쟁하고 있다.

가격대별로 가장 시장이 큰 5천~7천만원대에는 다양한 배기량과 마력을 가진 9개의 슬랏이 있다. 그런데 필자가 분석을 하다 보니 한국 수입 자동차 협회의 구분을 그대로 따르면 BMW의 5시리즈와 3시리즈, 아우디의 A4와 A6가 같은 슬랏으로 묶이게 되어, 영업의 목적으로 슬랏 분석을 하기 위해선 이 가격대를 다시 5천~6천만원, 그리고 6천~7천만원으로 세분화할 필요가 있다는 것을 알게 되었다. 그렇게 다시 구분을 해보니 5천~6천만원의 시장 크기가 9.2%이고 6천~7천만원이 21.7%로 나뉘고 그 중 6천~7천만원의 가격대에 2,000CC에 200~300마력대 슬랏이 약 2만대로 전체 수입 차 시장의 16%를 차지하는 가장 큰 슬랏이었다. 이 슬랏에서는 벤츠의 E250, C 300 그리고 BMW의 520 모델이 대표적이었다.

다음으로 7천만~1억원까지의 가격대가 26%의 크기인데, 이 가격대 역시 7천만원대에서 잘 팔리는 BMW의 X3 2.0과 530 그리고 렉서스 RX 450h와 8천만원대의 벤츠 E350 4 MATIC 그리고 CLS 300d, BMW 530e 등을 구분해서 7천~8천만원(시장 크기 12.2%)과 8천~1억원(시장 크기 14.1%)으로 다시 나누었다.

1억~1.5억 가격대에서는 2,000CC 이하 모델은 2개가 있고 2,000~3,000CC의 300~400마력 슬랏이 제일 크고 이 슬랏에서는 BMW의 X7 4.0, X5 4.0, 그리고 X6 4.0이 모델마다 약 천만원 정도의 가격 차이를 보이면서 잘 팔리는 모델이다. 물론 필요에 따라 이 가격대 역시 천만원 단위로 구분해서 세부 분석을 할 수 있다.

1.5억 이상의 시장에서 2022년 상반기 약 12,000대가 팔렸는데 이 가격대 역시 1.5억~2억, 2억~3억, 3억 이상 이렇게 세분화할 필요성이 있다. 1.5억~2억대는 시장의 6.4%인 8천대 정도가 팔렸고 2,000~3,000CC의 200~300마력 슬랏에서는 BMW 740Li XDrive가, 300~400마력 슬랏에서는 벤츠의 S400d, S450 4MATIC, 400d 4MATIC이, 400~500마력 슬랏에서는 벤츠 S500 4MATIC 그리고 포르쉐의 911 Carrera 시리즈가 많이 팔렸다. 2억~3억 가격대는 약 3,300대가 팔렸고 3,000CC 이상 500마력 이상의 슬랏이 가장 크고 벤츠의 S580 4 MATIC, 마이바흐 S580 등이 주요 모델이었다.

3억 이상의 수입 자동차는 600대 정도가 팔렸으며 3억 초반의 벤틀리가 많이 팔렸고 가장 싼 모델이 4억대 후반 이상인 롤스로이스의 여러 모델도 합쳐서 100대 이상 판매를 하였다. 처음에는 한국 수입 자동차 협회의 기준을 따르다가 영업적인 목적으로 보다 세분화한 슬랏 분석을 하였고 슬랏별 대표 차종을 표시해 보면 [표 2-3]과 같다.

이상에서 수입 자동차에 대한 슬랏 분석을 해 보았다. 그러나 소비자들

표 2-3 2022년 상반기 수입 차 시장 상세

배기량 마력 가격		2,000CC 이하 (62%)				2,000~3,000CC (30%)					3,000CC 이상 (8%)			
		200 마력 이하	200 ~300 마력	300 ~400 마력	400 마력 이상	200 마력 이하	200 ~300 마력	300 ~400 마력	400 ~500 마력	500 마력 이상	200 ~300 마력	300 ~400 마력	400 ~500 마력	500 마력 이상
총합계 (비중)	124.6 (100%)	24.4 19.6%	48.1 38.6%	4.8 3.8%	0.1 0.1%	4.8 3.9%	10.1 8.1%	18.7 15.0%	3.4 2.7%	0.5 0.4%	1.4 1.2%	2.1 1.7%	1.5 1.2%	4.6 3.7%
3억 이상	0.6 0.5%													0.6 벤틀리 플라잉스퍼
2억 ~ 3억	3.3 2.6%								0.2 아우디 R8				0.1 포르쉐 파나메라	2.9 벤츠 S580
1.5억 ~ 2억	8.0 6.4%						0.7 BMW 740Li	5.3 벤츠 S450 벤츠 S400	0.7 벤츠 S500		0.1 아우디 A8		0.3 캐딜락 Esclade	0.8 벤츠G63 BMW M50
1억 ~ 1.5억	19.7 15.8%		0.5 벤츠 GLE 350e	0.7 볼보 XC90 T8			5.5 BMW X5 3.0 벤츠 S350d	10.2 BMW X7 4.0 BMW X5 4.0	1.6 포르쉐 마칸벤츠 GLE53	0.4 BMW M4 쿠페	0.1 렉서스 LS500h		0.4 포르쉐 718 박스터	0.3 BMW M550
8천 ~ 1억	17.6 14.1%	0.1 BMW X3M	12 BMW 530e 벤츠 CLS 300d	1 볼보XC90 B6 볼보XC60 T8	0.1 Jeep 랭글러		2.1 BMW 630 아우디 A7	1 포르쉐 마칸S 벤츠 GLC 43	0.8 링컨 에비에이터			0.1 캐딜락 XT6	0.3 쉐보레 타호	
7천 ~ 8천	15.3 12.2%	4.5 BMW X3 2.0 벤츠 E 220d	7.3 BMW 530 아우디A6 45	1.1 볼보 S90 B6 벤츠 GLB 35		0.1 렉서스 NX450		1 포드 익스플로 어	0.2 BMW M235		0.8 Jeep 체로키		0.3 렉서스 RX450h	
6천 ~ 7천	27.0 21.7%	2.3 BMW X4 2.0 BMW X3 2.0d	19.8 벤츠 E250 BMW 520	0.7 볼보 XC60		2.4 넥서스 ES300h	0.5 토요타 시에나(H)	1.2 링컨 노틸 러스			0.1 포드 익스플로어 3.0 PHEV			
5천 ~ 6천	11.5 9.2%	3.8 BMW X1 2.0 폭스바겐 아테온	6.5 BMW 320 벤츠 CLA 250	0.4 MINI 컨트리맨			0.1 포드 머스탱				0.3 혼다 오딧세이	0.3 쉐보레 트레버스	0.1 쉐보레 카마로	
4천 ~ 5천	12.6 10.1%	7.4 폭스 바겐 티구안 볼보XC40	1.9 BMW 120 볼보 S60	0.9 혼다 어코드H 혼다 CR-V H		1.4 Jeep 레니 게이드	1.1 토요타 RAV4-HV							
3천 ~ 4천	7.5 6.0%	4.8 MINI쿠퍼 폭스바겐 T-Roc				0.9 토요타 캠리(H)	0.1 토요타 캠리					1.7 쉐보레 콜로라도		
3천 이하	1.7 1.3%	1.7 폭스바겐 Jetta												

이 처음부터 외제차만을 대상으로 고려할 수도 있지만 대부분은 국산차와 같이 비교해서 선택하는 것이 더 일반적일 것이다. 예를 들어 현대차의 제네시스 G90 3.5가솔린 터보나 가솔린 터보AWD는 8천~1억원대에 3,000CC 이상 300~400마력 슬랏에 들어가는데 같은 슬랏에는 중대형 SUV인 캐딜락의 XT6 이 있다. 같은 가격대의 다른 슬랏은 벤츠의 E350 4MATIC 이나

표 2-4 2022년 상반기 수입 차 세단 시장 상세

가격 \ 배기량 / 마력		2,000CC 이하 (72%)			2,000~3,000CC (22%)					3,000CC 이상 (5.6%)		
		200 마력 이하	200 ~300 마력	300 ~400 마력	200 마력 이하	200 ~300 마력	300 ~400 마력	400 ~500 마력	500 마력 이상	200 ~300 마력	400 ~500 마력	500 마력 이상
총합계 (비중)	73.7 (100%)	12.7 17.2%	38.5 52.2%	1.9 2.6%	3.3 4.4%	5.4 7.4%	6.3 8.5%	1.1 1.4%	0.5 0.6%	0.2 0.3%	0.6 0.8%	3.3 4.5%
3억 이상	0.5 0.6%											0.4 벤틀리 플라잉스퍼
2억 ~ 3억	3.0 4.0%							0.2 포르쉐4GTS 카브리올레			0.1 포르쉐 파나메라	2.6 벤츠 S580
1.5억 ~ 2억	5.7 7.8%					0.7 BMW 740Li	4.1 벤츠S450 벤츠S400	0.7 벤츠 S500		0.1 아우디 A8	0.1 포르쉐6GTS 카브리올레	0.1 BMW M5
1억 ~ 1.5억	5.7 7.8%		0.5 벤츠 GLE350e	0.1 마세라티 Ghibli		2.5 벤츠S350 BMW740	1.5 벤츠AMG GT43		0.4 BMW M4 쿠페	0.1 렉서스 LS500h	0.3 포르쉐 718 박스터	0.2 BMW M550
8천 ~ 1억	11.8 16.0%		9.6 BMW 530e7.1	0.2 볼보S9 T8		1.9 BMW630 아우디A7	0.2 BMW M440쿠페					
7천 ~ 8천	8.1 11.0%	1.3 벤츠 E 220d	5.7 BM530 아우디A6	0.6 볼보 S90 B6			0.4 BMW M340	0.2 BMW M235				
6천 ~ 7천	18.3 24.8%		15.8 벤츠 E250 BMW 520	0.2 벤츠AMG CLA 45	2.2 렉서스 ES300h							
5천 ~ 6천	6.3 8.6%	0.6 Mini쿠퍼 컨트리맨	5.2 BMW 320 벤츠 CLA 250	0.4 Mini 컨트리맨		0.1 포드 머스탱					0.1 쉐보레 카마로	
4천 ~ 5천	7.3 9.9%	4.8 벤츠 A220	1.7 BMW 120 볼보 S60	0.5 혼다 어코드H	0.1 토요타 아발론	0.2 포드머스탱 쿠페						
3천 ~ 4천	5.6 7.6%	4.6 Mini 쿠퍼 5도어			0.9 토요타 캠리(H)	0.1 토요타 캠리						
3천 이하	1.4 1.9%	1.4 폭스바겐 Jetta										

표 2-5 2022년 상반기 수입 차 SUV 시장 상세

배기량 / 마력 / 가격		2,000CC 이하 (72%)				2,000~3,000CC (22%)				3,000CC 이상 (5.6%)			
		200 마력 이하	200 ~300 마력	300 ~400 마력	400 마력 이상	200 마력 이하	200 ~300 마력	300 ~400 마력	400 ~500 마력	200 ~300 마력	300 ~400 마력	400 ~500 마력	500 마력 이상
총합계 (비중)	50.9 (100%)	11.8 23.1%	9.6 18.9%	2.8 5.6%	0.1 0.2%	1.6 3.1%	4.6 9.1%	12.4 24.4%	2.4 4.6%	1.2 2.4%	2.1 4.1%	0.9 1.8%	1.3 2.6%
3억 이상	0.1 0.2%												0.1 벤틀리 벤태이거
2억 ~ 3억	0.3 0.6%												0.3 람보르기니 Urus
1.5억 ~ 2억	2.3 4.5%							1.2 벤츠 GLS400d	0.0 마세라티 레반테S			0.3 캐딜락 Escalade	0.8 벤츠 G63 BMW X5M50
1억 ~ 1.5억	14.0 27.4%			0.6 볼보 XC90T8			3.0 BMW X5 3.0	8.6 BMW X7.4.0 BMW X5.4.0	1.5 포르쉐 마칸 벤츠 GLE53			0.1 링컨 네비게이터	0.1 BMWX6
8천 ~ 1억	5.7 11.3%	0.1 BMW X3 M	2.4 벤츠 GLE 300	0.9 볼보XC90 B6 볼보XC60 T8	0.1 Jeep 랭글러		0.3 아우디 SQ5	0.8 포르쉐마칸S 벤츠GLC43	0.8 링컨 에비에이터		0.1 캐딜락 XT6	0.3 쉐보레 타호	
7천 ~ 8천	7.1 14.0%	3.2 BMW X3 2.0	1.7 아우디 Q7 벤츠 GLC300	0.4 벤츠 GLB 35		0.1 렉서스 NX450		0.6 포드 익스플로러		0.8 Jeep 체로키		0.3 렉서스 RX450h	
6천 ~ 7천	8.7 17.1%	2.3 BMW X4 2.0 BMW X32.0d	4.0 볼보 XC60 벤츠 GLB250	0.5 볼보 XC60		0.2 렉서스 N350	0.5 토요타 시에나(H)	1.1 링컨 노틸러스		0.1 포드 익스플로러			
5천 ~ 6천	5.2 10.2%	3.2 BMW X1 2.0	1.3 지프 랭글러 볼보 V60CC							0.3 혼다 오딧세이	0.3 쉐보레 트레버스		
4천 ~ 5천	5.3 10.4%	2.6 VW 티구안 볼보 XC40	0.2 아우디 Q3	0.4 혼다 CR-V H		1.2 Jeep 레니게이드	0.9 토요타 RAV4-HV						
3천 ~ 4천	1.9 3.7%	0.2 혼다CRV									1.7 쉐보레 콜로라도		
3천 이하	0.3 0.5%	0.3 쉐보레 Equinox											

BMW530, 포르쉐의 마칸S처럼 G90에 비해 작거나 포드의 익스페디션, 쉐보레의 타호 같은 대형 SUV들이 있어 6개월간 모두 합쳐서 17,000여 대가 팔렸지만 대형 세단을 원하는 고객들은 G90 3.5를 선택해서 네이버 검색 기준

월 2,000대 이상을 팔고 있는 것이다.

또 소비자들이 자동차를 구매할 때 처음부터 '나는 세단형 자동차를 혹은 SUV를 사겠다'라고 결정을 하고 시장 조사를 할 수도 있다. 세단형 자동차만을 대상으로 분석하면 [표 2-4]와 같이 나타낼 수 있고 SUV는 [표 2-5]와 같은 모습을 보인다.[12] 우선 시장의 크기면에서 세단과 SUV는 6:4의 비율로 세단이 좀 더 많이 팔렸고 엔진의 출력면에서 세단 시장은 72%가 2,000CC 이하였지만 SUV는 2,000CC 이하가 48%, 2,000~3,000CC가 41%로 보다 배기량이 크고 엔진의 고성능을 선호하는 모습을 보이고 따라서 가격면에서도 세단의 경우 6천~7천만원 가격대가 전체의 24.8%를 차지하였지만, SUV는 27.4%가 1억~1억 5천만원대여서 SUV고객의 지불의향 가치가 더 높은 것으로 나타났다. 따라서 세단 시장에는 3,000CC 이상의 자동차는 1억원대가 되어야 슬랏이 존재하는 데 SUV시장에서는 6천~7천만원대에도 포드 익스플로어가 있고 7천~8천만원대에도 Jeep 체로키, 렉서스 RX450h같은 모델들이 판매되고 있다.

만일 우리 회사의 제품을 가지고 이렇게 슬랏 분석을 한다면, 제품을 파는 매장에 나가서 경쟁사 제품과 함께 모든 가격을 기록해 본다. 비슷한 재료나 성능, 크기나 용량을 가진 제품들이 특정 가격대에 몰려 있고 그보다 상위의 재료나 성능을 가진 제품들 역시 보다 높은 가격대 주변에 모여 있는 현상을 볼 수 있을 것이다. 또 재료나 성능, 크기가 비슷하더라도 브랜드 파워가 있는 회사의 제품은 상대적으로 높은 가격을 받고 있는 것 역시 확인할 수 있다. 전부 기록해서 표를 만들고 각 슬랏별로 시장의 크기를 구해야 한다.

이러한 슬랏 분석은 가전의 Gfk[13]와 같은 신뢰도가 높은 외부 자료가 있으면 그 자료를 가지고 작성하고 없다면 주요 거래선별 자료를 구해 합산

12 SUV에는 레저용 자동차 (도요타의 시에나 같은 RV, Recreational Vehicle) 포함

13 GfK(독일어: GfK-Nürnberg Gesellschaft für Konsumforschung e.V., 뉘른베르크 소비자 조사협회)는 소비제품업 시장 조사 분석 전문 기업으로 독일 뉘른베트크에 본사가 있음.

을 한다. 똑같은 분석을 시장 전체를 대상으로도 하고 거래선별로도 하여야 한다. 이 작업은 굉장히 많은 시간과 노력을 필요로 하고 또 월간 단위로 지속적으로 업데이트를 해야 한다. 만일 전사적인 지원을 받아 IT 시스템화를 하면 슬랏 분석을 자동화할 수도 있고 외부 자료를 활용할 수 있다면 직원들의 노력을 많이 줄일 수 있다.

슬랏 분석은 표에서 보는 것처럼 가격이라는 축과 고객이 주로 고려하는 기능/사양이라는 축을 사용하는 2차원 분석 모델이다. 따라서 고객이 중요시하는 다른 요인들, 자동차를 예를 들면 연비와 같은 엔진 효율성, 브랜드 가치, 자동차의 유형(세단, SUV, RV)과 같은 다른 요소들을 한 번에 분석할 수는 없다는 한계가 있다는 점은 유의하여야 한다.

그렇다면 슬랏 분석은 우리 회사의 현상을 이해하고 대책을 수립하는 데 어떻게 도움이 될까?

① 슬랏별 중요성

앞의 표와 같이 슬랏을 나눠 놓고 보면 모든 슬랏의 중요성이 같지 않다는 것을 알 수 있다. 올림픽 격투기 종목에서는 각 체급별로 금메달을 수여하고 어떤 체급에서 획득했든 간에 같은 가치를 가지지만 현실 비즈니스 세계에서는 그렇지 않다. 즉 우리나라 수입 자동차 시장은 6천~7천만원 가격대의 2,000CC이하 배기량에 200~300마력 출력인 슬랏이 19.8% 이고 1억~1.5억 가격대에 2,000~3,000CC 사이의 배기량과 300~400마력의 출력인 슬랏이 10.2%로 이 두 슬랏이 전체의 31%를 차지하고 있다. 슬랏의 개념을 가지고 보면 막상 우리가 판매하는 제품은 많은데 중요한 슬랏에서는 파는 제품이 아예 없거나 경쟁사는 해당 슬랏에 여러 개의 제품을 내놓고 있는데 우리는 1~2개만 운영하고 있고 가장 작은 슬랏에는 여러 제품을 내놓고 있어 효율적으로 시장에 대처하지 못 하고 있다는 것을 알 수 있다. 축구 시합을 하면서 골키퍼 없이 하고 있거나 야구 시합을 하면서 한 포지션에는 2~3명의 선수를 두고 다른 포지션은 비워 놓고 하면서 그런 줄도 모르고 '우리는 왜 자꾸 질까' 하고 있는 것과 같다. 물론 데이터 분석을 통한 수비 위치 시프트라면 다른 이야기이고 비즈니스에서도 그렇게 할 수 있다. 비즈니스 모델 캔버스에서 우리의 핵심 자원인 제품 개발 인력이 많은 수의 모델을 만들어 팔 수 없다면 크기가 큰 슬랏에는 여러 개의 제품을 내고 작은 슬랏은 포기하는 식이다.

② 슬랏별 트렌드

앞의 [표 2-3]은 2022년 상반기를 분석한 것이지 우리나라 수입 자동차 시장이 늘 그런 모습이었고 앞으로도 그럴 것이란 것은 절대 아니다. 필자가 입수한 자료의 한계로 슬랏별 트렌드까지는 분석을 못 했지만 가격대별 시장 크기는 매일경제신문 기사에 의하면 [표 2-6]과 같이 변화하였다.[14]

만일 3천만원 이하의 수입 차만을 파는 회사가 있다면 매출 감소는 시장의 트렌드이기 때문에 불가피한 것이고 영업 관련 비용을 줄이면서 명맥

표 2-6 슬랏 크기의 변화

	2015	2022 상반기
~ 3,000 만원	3.2%	1.3%
3,000 ~ 4,000 만원	25.3%	4.6%
4,000 ~ 5,000 만원	15.2%	11.3%
5,000 ~ 7,000 만원	31.1%	32.8%
7,000 만원 ~ 1억원	15.8%	24.1%
1억 ~ 1.5억	5.6%	17.2%
1.5억 이상	3.7%	8.8%

14 최기성, "이러다 강남 쏘나타 1억 되겠네…억대급 포르쉐, 벤츠, BMW 전성시대", 『매일경제』 2022.8.2, https://www.mk.co.kr/news/business/10408942

을 유지하거나 5천만원 이상의 차를 공급해줄 수 있는 파트너를 구할 수밖에 없다.

③ 슬랏내 승률 분석

슬랏 분석을 통해 전체 경쟁 구도를 파악했다면 승률 분석을 통해 경쟁 구도를 보다 세분화해야 한다. 슬랏의 크기가 1,000이고 우리가 판 것이 200이면 슬랏내 승률은 20% 이다. 슬랏 내 점유율이 20%라고 표현해도 되지만 굳이 승률이라는 용어를 쓴 이유는 시장점유율과의 명확한 구분을 위해서이다. 우리는 시장점유율이란 표현에 상당히 익숙해져 있는데 시장에서의 승률과는 다른 개념이다. 왜냐하면 앞에서의 [표 2-1]처럼 시장을 슬랏별로 나누어 놓고 보면 우리가 경쟁하지 않고 있는 슬랏이 있기 때문이다. 즉 그 슬랏은 우리가 경쟁해서 진 것이 아니고 아예 참여 자체를 안 한 것이어서 점유율은 0%지만 승률은 계산할 수 없다. 야구에서 타자의 능력을 나타내는 지표 중 하나인 타율은 안타의 숫자를 타석으로 나눈 것이다. 같은 100개의 안타를 친 선수지만 200타석에서 100안타를 친 타자는 타율이 5할이고 400타석에서 100안타를 친 선수는 2할 5푼이다. 승률은 야구의 타율과 같은 개념이다.

만일 시장에 8개의 슬랏이 있고 각 슬랏의 판매량이 [표 2-7]과 같다고 하면 시장점유율은 31%가 된다. 그러나 슬랏 7과 슬랏 8에는 진입했지만 하나도 안 팔렸을 경우가 아니고 아예 해당되는 제품이 없다고 하면 이 회사 제품 기준으로는 시장의 크기가 4,000개가 아니고 3,300개이고 판매량은 1,240개였으므로 승률은 37.6%이다.

야구도 아니고 비즈니스에서 굳이 승률이라는 개념을 꺼내는 이유는 무엇인가? 우리가 경쟁하는 슬랏에서 만일 평균 승률이 37.6%라면 경쟁하지 않는 슬랏에 진입했을 때 기대 매출을 계산하는 근거가 되기 때문이다. 즉

표 2-7 슬랏 / 승률 예시

항목	시장 크기	판매량	점유율
슬랏 1	800	560	70%
슬랏 2	500	300	60%
슬랏 3	1,000	100	10%
슬랏 4	700	140	20%
슬랏 5	200	60	30%
슬랏 6	100	80	80%
슬랏 7	400	0	
슬랏 8	300	0	
점유율	4,000	1,240	31.0%
승률	3,300	1,240	37.6%

우리의 평균 승률 곱하기 시장 크기를 해서 구하는 기대 매출이 우리의 부족한 제품 개발 역량을 투입하고 영업 인력을 보강하고 비용을 더 쓸 만한 것인지 아닌지를 판단할 수 있기 때문이다. 이때 상위 슬랏에서 주로 경쟁하는 기업이 하위 슬랏에 진입할 때는 평균 승률보다 높은 승률을, 하위 슬랏에서 주로 경쟁하는 기업이 상위 슬랏에 진입할 때는 평균 승률보다 낮은 승률이

그림 2-10 슬랏의 크기와 슬랏별 승률

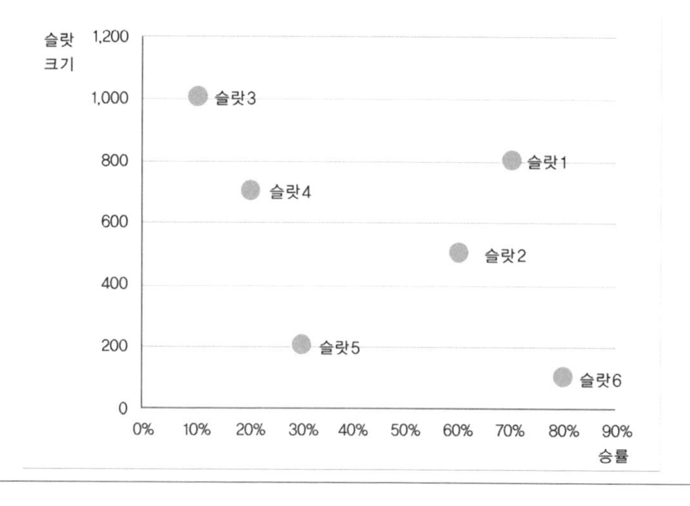

나올 것이라는 것은 감안해야 한다. 이렇게 슬랏별 승률을 구하고 나면 일목요연하게 정리해서 경영진과 관련 부서가 같이 리뷰하는 시간을 가지는 것이 전사적인 얼라인먼트의 수준을 올려준다.

[그림 2-10]처럼 슬랏의 크기와 슬랏별 승률을 같이 나타내면 영업의 현황을 잘 알 수 있다. 크기가 큰 슬랏에서 승률이 높은 것이 바람직하겠으나 가장 큰 슬랏3의 승률이 가장 낮고 가장 작은 슬랏인 슬랏6에서 승률이 높은 모습을 보이고 있다. 그러나 이 모습은 현재 시점만을 반영한 것이다. 트렌드를 같이 보아야 보다 더 정확한 모습을 볼 수 있다.

만일 [그림 2-11]처럼 슬랏의 성장률과 승률의 변화율을 같이 나타내면 현재 가장 작은 슬랏인 슬랏6의 성장률이 제일 높고 승률에서도 가장 크게 올랐다는 것을 알 수 있다. 현재 가장 크기가 큰 슬랏3은 역성장한 슬랏이지만 승률은 많이 개선되었고 슬랏2의 역성장이 가장 크다는 것도 알 수 있다. 이렇게 변화율을 같이 보아야 지금 우리 회사의 상황이 어떤지 보다 더 정확하게 이해할 수 있다.

그림 2-11 슬랏별 성장률과 승률의 변화

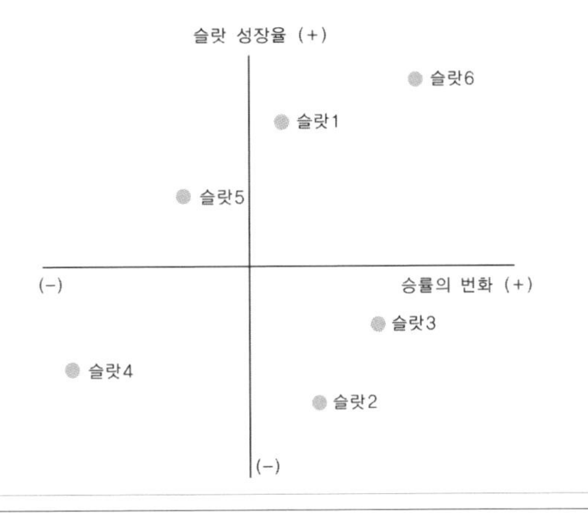

④ 슬랏별 경쟁 구도 분석

③에서 한 단계 더 나아가 슬랏별 경쟁 구도 분석을 해본다. 해당 슬랏에서 승률이 가장 높은 제품부터 순서대로 나열해서 그 제품의 특장점(소구점)과 공격할 수 있는 약점을 연구해서 자사 제품과 비교를 통해 대응 방안을 찾는 것이다. 이때 현장의 역량 있는 판매 보조원들도 같이 모여서 논의하는 것이 바람직하다. 만일 우리 제품의 장점이 충분히 경쟁에서 이길 수 있는 것이라면 광고나 PR, 매장에서의 전시 상태, 판매 보조원의 현장 소구점을 다시 점검해야 하고 우리 제품의 승률이 낮고 경쟁사 제품 대비 경쟁 열위에 있다면 아래 슬랏으로 하향 조정하거나 신제품의 준비가 필요하다. 또 해당 슬랏내 자사의 승률이 높은데 경쟁사 대비 제품의 수가 많다면 그 중 일부 모델의 슬랏을 상향 조정하거나 하향 조정하는 것도 같이 검토해야 한다.

⑤ 프로모션의 기준

가격 조정을 통해 매출 향상을 도모한다고 할 때 동일 슬랏 내에서 경쟁사 제품과의 가격 갭을 조금 늘이거나 줄여서는 기대한 만큼의 성과를 내기 어렵다. 제품의 성수기를 앞두고 대량 판매를 노리는 경우에는 제품별 수익성을 보고 소비자가 다른 경쟁으로 인식하는 아래 슬랏으로 내려가는 것이 가장 효과적이다.

⑥ 목표 설정의 근거

슬랏 분석에 의해 슬랏별 중요성을 인식하고 승률 분석과 경쟁 구도 파악에 의해 대처 방안을 수립하고 일부 모델의 경우 슬랏 재조정을 하고 프로모션에 대한 폭까지 연구가 되었다면 이에 근거해서 목표 설정을 할 수 있다. 목표 수립 과정에 영업은 물론 경영진과 유관 부서까지 함께 하여 보다 일관된 계획과 집행이 가능하다.

Chapter 02 Epilogue ··· 자사에 대한 이해가 잘 되면 경영진과 영업 부서 간 그리고 관련 부서와 근거 있는 대화가 가능해진다.

통상적으로 회사에서 차년도 사업 계획을 수립할 때 영업에 더 많은 매출을 요구하고 비용계획도 같이 제출해 달라고 한다. 영업에서는 어떻게 해서든 매출 성장률을 낮게 가져가려고 하고 비용은 올려 잡으려고 하고 더 많은 신제품의 출시를 원한다. 제품 기획과 개발 부서에서는 신개발 제품 수를 줄이려고 하고….

모여서 회의를 해도 영업에서는 경기가 어떻고 경쟁사가 물량 공세를 펴고 있는 등 핑계로 들리는 이야기만 늘어놓게 되고 재무부서는 회사가 어려워서 매출이 이 정도가 안 되면 큰 일이 나고 비용도 대폭 줄여야 겨우 이익이 날까 말까 하는데 영업에서 정말 비상한 각오로 임해주어야 한다 같은 애사심이 자신들의 전유물인 양 이야기를 하고 제품 기획과 개발 부서는 개발 인력이 경쟁사 대비 어떻고 실제 만들어 줘도 영업에서 팔지도 못한다 등의 이야기를 늘어놓아 부서 간 원활한 합의는 어렵고 최고 경영자가 '결정'을 하는 데 매출 성장률은 높고 비용은 올해와 같거나 줄고 신제품의 수도 영업이 원하는 숫자가 나오는 경우는 없다(혹은 약속은 하지만 실제 출시는 안 된다. 그렇다고 그만큼 매출 목표가 나중에 수정되는 경우는 없다).

우리 회사에 대한 이해가 잘 되어 다음과 같은 대화를 하는 회의 모습을 한번 상상해 보자.

경영진: 내년에 올해 매출 100억원 대비 30% 성장한 130억원 정도를 했으면 좋겠는데 가능한가?

영업: 현재 우리가 경쟁도 못 하고 잃고 있는 시장의 크기가 130억 정도 있고 경쟁하는 시장의 규모가 300억원 정도입니다. 내년에 시장이 성장할 가능성은 최근 트렌드가 유지 혹은 소폭 감소이므로 같다고 보고 자사의 현재 승률이 33%인데 승률이 43.3%가 되야 합니다. 승률만 올리는 방법으로는 어렵습니다.

경영진: 현재 경쟁도 못 하고 있는 시장의 크기 130억원을 줄일 수 있는 방법은 있는가?

영업: 거래선 A가 시장 규모가 30억원인데 마진 이슈로 진입을 못 하고 있습니다. 진입을 한다면 평균 승률 33% 감안 시 약 10억원 정도 추가 매출이 가능합니다.

관리부서: 매출이 10억원 올라간다면 고정비 분산 등의 효과를 감안하면 마진을 X%까지 주는 조건이라면 손익을 맞출 수 있습니다.

영업: 또 제품적으로는 얼마 가격대에 이런 이런 기능을 가진 제품을 만들어 주면 그 시장 규모가 10억원이므로 평균 승률 적용시 3억 정도 추가 매출이 가능합니다.

제품 기획: 그 가격대에 이런 이런 기능 넣은 제품 만들려면 판가 감안시 재료비 수준이 얼마가 되어야 하는데 어렵습니다.

영업: 그럼 거기서 이런 기능을 빼면 평균 승률보다 낮은 20%를

적용해서 2억원 정도 추가 매출이 가능한데 그건 재료비를 맞출 수 있나요?

경영진: 영업에서 승률을 더 올려서 매출을 추가로 할 수 있는 방법은 무엇이 있는가?

영업: B 거래선의 얼마 가격대 slot, C 거래선의 얼마 가격대 slot이 사이즈가 큰데 거기서 이런 정도 예산으로 프로모션을 걸면 승률을 얼마 더 올릴 수 있어서 매출이 2억 정도 더 올라갈 수 있습니다. 지금 우리가 가장 승률이 높은 슬랏은 42%인데 그 슬랏에서 경쟁사 대비 가격 차이가 이 정도이고 B, C 거래선의 사이즈가 큰 슬랏에서는 가격 차이가 이 정도여서 승률이 20% 밖에 되지 않습니다.

관리부서: 그 정도 프로모션을 걸면 해당 제품의 손익이 적자가 됩니다. 예산을 반으로 줄이면 기대 매출이 얼마가 될까요?

독자 여러분 어떤가? 실제로 이런 대화가 가능할까? 답은 가능하다이다. 물론 분석에 의해서 내린 결론대로 현실에서 100% 되지는 않았고 때로는 90% 할 때도 110% 할 때도 있었지만 터무니없는 결과가 나온 적은 없었다. 1장에서 사과를 자를 때 했던 이야기를 다시 하면 같은 사과를 4등분하였지만 다시 합치면 원래 모습과 조금 다르게 오른 쪽 사진처럼 틈이 생기게 마련인 것이다. 즉 분석에 의한 예측이 100% 맞을 수는 없다. 그러나 책임자의 감(感)에 의존하는 영업은 때론 분석에 의한 것 보다 더 잘 들어맞을 수도 있겠지만 '지속 가능'하지 않다. 지속적으로 데이터 분석에 기반한 의사결정을 하면서 점점 보완을 거쳐 정확도를 올리는 것이 중요하다.

분석에 기초한 영업과 관련 부서의 지원이 가능 하려면 최고 경영자 혹은 최종 의사결정권자의 커미트먼트(commitment)가 무엇보다 중요하다. 그렇지 않으면 분석을 통해 주어진 목표 달성이 가능하다고 하면 훌륭한 분석이고 못 하겠다고 하면 세련된 핑계가 될 뿐이다.

Chapter

03

거래선에 대한 이해

1. 거래선 간 차이 분석
2. 거래선 내 자사의 위치에 대한 이해
3. 거래선과의 협상 시 고려사항

Chapter

03

거래선에 대한 이해

소비자는 왕(King)이고 유통은 진짜 왕(The King)이라는 말이 있다. 거래선은 우리 회사와 최종 소비자를 연결시켜주는 다리와 같은 역할을 한다. 물론 그냥 건너게 해주지는 않고 통과료를 받지만 그 대신 많은 것을 제공해주기도 한다. 대량 구매를 통해 공급업자의 캐시 플로우에 도움이 되고 통신사업자의 경우 자체적으로 보조금을 투입하여 소비자 가격을 낮추어 주어 더 많은 휴대폰이 팔릴 수 있게 해주고 미국의 TJ Max 같은 유통은 제조사의 장기 재고를 가져다 소비자에게 싼 값에 공급하는 비즈니스 모델을 가지고 있어 재고 처리에 도움이 되기도 한다. 또 시장에 잘 알려져 있지 않은 제조사의 경우 유명 백화점 입점을 통해 자신들의 브랜드 위상을 올릴 수도 있다. 즉 어떤 관계를 가져 가느냐에 따라 서로가 윈윈할 수 있는 구조를 만들 수 있다. 따라서 영업에서는 거래선별 특성에 대해 정확하게 이해하고 접근해야 하는데, 거래선을 제대로 이해하기 위한 가장 기본적인 자세는 역지사지(易地思之), 즉 그들의 입장에서 생각해야 하는 것이다. 사실 영업/마케팅의 핵심은 뒤집어 생각하는 것이다. 내가 거래선이라면, 내가 최종 소비자라면의 입장에서 그들의 시각으로 내가 하려는 일을 판단해야 한다.

영업을 하다 보면 윗사람에게서 거래선에 가서 잘 설득해 보라는 말을 자주 듣게 된다. 그러나 거래선은 설득의 대상이 아니고 협상의 대상이다. '아마추어는 설득을 하고 프로는 협상을 한다'라는 책도 있듯이 어떤 쟁점에 대해 협상을 할 때 우리도 상대방도 원하는 것이 있는데 그걸 원하게 된 동기, 즉 왜 그것을 원할까를 알아야 우리도 옵션을 가지고 협상안을 수립할 수 있다. 이 책에서 필자가 계속적으로 강조하듯이 왜 원할까를 이해하기 위해서는 분석이 필요하다.

상대방에 대한 이해를 하였다면 현재 상대방과 우리는 (경쟁사는) 어떤 상태에 있고 왜 그런지를 알아야 한다. 현재 우리가 처한 위치와 경쟁사가 처한 위치의 차이에 의해 협상이 이루어지는 운동장의 기울기가 달라지고 기울기가 다른 만큼 협상에 임하는 태도나 방법도 달라야 한다.

1 거래선 간 차이 분석

모든 거래선들이 가격, 품질, 납기 등 여러 요구 조건들이 있지만 거래선 마다 각 요구 조건의 강도와 종류에는 조금씩 차이가 있다. 왜 그럴까? 역지사지, 즉 뒤집어서 생각한다. 우리가 영업을 왜 하는가? 이익을 내기 위해서다. 그들도 유통업을 통해 이익을 내기 위해서 자사의 제품/서비스를 구매를 하는데 거래선마다 같은 산업구조 내에서의 상대적 위치가 다르고 사업을 하는 방법인 비즈니스 모델이 다르고 비즈니스 모델을 구현하는 전략이 다르기 때문이다. 우선 거래선이 속한 산업구조와 그들의 상대적 위치를 이해하기 위해서는 자사가 속한 산업군에 대한 이해를 위해 사용했던 마이클 포터의 5가지 세력 분석 도구를 이용한다.

1) 5가지 세력 분석 도구를 이용한 거래선 간의 차이 분석

① 공급자들의 협상력

유통에 대한 공급자는 바로 우리 같은 제조업자이고 에어비앤비, 우버 같은 양방향 플랫폼의 경우는 실물 자산 보유자이다. 우리 스스로가 잘 알고 있는 것처럼 제조업자의 유통에 대한 협상력은 약하다(물론 최종 소비자에게 인기가 있는 강력한 브랜드를 가진 제품을 공급하는 일부의 경우는 예외이다). 그런데 상대적으로 보면 해당 제품에서 특정 유통이 차지하는 비중에 따라 약한 정도가 달라진다. 즉 유통 시장에서 30%를 차지하는 거래선과 5%를 차지하는 거래선의 공급업자에 대한 영향력이 다르다. 또 비즈니스 모델이 월마트와 같이 every day low price를 추구하는 업체는 공급가를 낮게 유지하기 위해 운영과 관련된 모든 비용을 낮추어야 하므로 공급자들에 대한 협상력을 더 좋게 가져가기 위해 공급업자들의 수가 많고, 코스트코와 같이 회원들에게 회비 이상의 가치를 제공해야 하는 유통은 엄선된 공급자들만 가지고 운영하기 때문에 진입하기는 어렵지만 일단 진입하고 나면 공급자들의 상대적 영향력은 월마트 보다 크다고 할 수 있다.

그림 3-1 산업구조: 5가지 세력

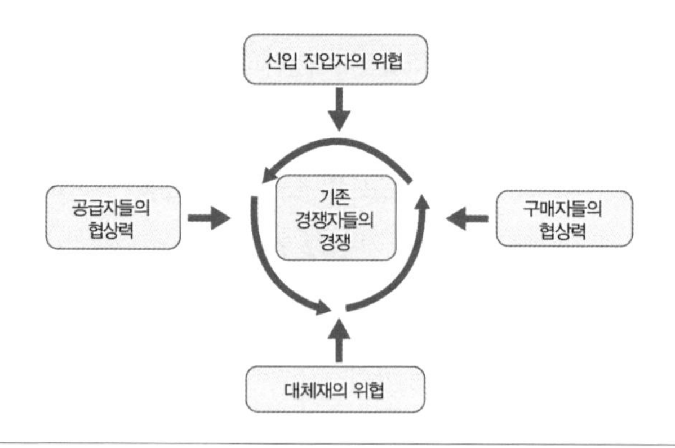

② 구매자들의 협상력

유통에 대한 구매자들은 통상적으로 최종 소비자이다. 소비자들은 많은 유통 점포들 중 선택권이 있다. 따라서 어제는 이 유통에서 쇼핑했지만 오늘은 다른 유통에서 더 좋은 가격이나 쇼핑 환경을 제공받으면 '변심'하면 된다. 코스트코의 경우 연간 회비를 내고 회원 가입을 하고 또 B2B 고객을 보유하고 있어 상대적으로 단기적인 '변심'이 적다고 할 수 있어 구매자들의 협상력에도 차이가 있다.

③ 신규진입자의 위협

유통업의 경우 성숙기 산업이고 좋은 입지를 선점해야 하는 점, 다수의 점포를 확보해야 구매 경쟁력 확보가 가능한 점 등의 진입 장벽이 비교적 높은 산업이다. 그러나 유통업에 대한 신규 진입은 아니지만 기존에 특정 제품을 취급하지 않던 유통이 해당 제품을 취급하기 시작하면서 신규 진입과 같이 경쟁의 강도를 높이는 경우는 자주 있다. 예를 들어 인테리어 전문 유통업체가 가전 제품을 취급하기 시작하면 기존에 가전 제품 전문 업체인 베스트바이나 가전 제품을 식료품 등과 같이 판매하던 월마트에 영향을 미치게 된다. 그러나 역시 창고형 회원제 클럽 형태로 운영하는 코스트코에 미치는 영향은 상대적으로 적다.

예전에 기존 유통 입장에서 가장 큰 신규 진입자의 위협은 온라인 쇼핑이었을 것이다. 최종 소비자들이 가지고 있던 시간의 장애(물건을 사러 가고 싶은 데 시간이 없다)와 장소의 장애(물건을 사러 가고 싶은데 집 근처에 없어서 멀리 가야 한다)라는 장애 요인을 제거해 주고, 사업자의 입장에서는 자본의 장애(쇼핑몰을 만들기 위해서는 좋은 위치의 비싼 부동산 가격을 감당해야 하고 구매 가격을 낮추기 위해서는 많은 수의 점포를 운영해야 한다)에 의한 진입장벽을 낮춰주는 디지털 기술의 발전으로 아마존이라는 거대한 신규 진입자가 탄생하였고 뒤를 이어 많은 온라인 쇼핑 플랫폼이 등장하였다. 아마존이 책이나 CD 등을 주로 취급하다가 가전제품 등으로 사업을 확장하던 초기에는 공급자들을 구하지 못해 상당히 애를 먹었다. 기존 유통의 반발과 압력 그리고 공급자들이 아마존의 성공을 예상치 못해서 일어난 일이었다. 만일 어떤 공급자가 아마존의 성공을 예견하고 초기부터 파트너십을 형성해서 적극적으로 공급을 했다면 어떻게 되었을까? 영업을 하는 사람들이 5가지 세력 분석 도구를 늘 머릿속에 두고 큰 흐름을 읽어야 하는 이유가 여기에 있다. 마케팅에서 비고객의 고객화를 늘 염두에 두는 것처럼 영업에서도 현재는 비고객이지만 누가 새롭게 내 고객이 될 수 있을까 그리고 그 중 누가 강자가 될까, 즉 고객군이 속한 산업의 흐름을 읽어야 한다.

산업의 흐름을 읽으려면 현재의 그 산업의 모습이 되기까지 어떤 과정이 있었는지를 보아야 한다. 온라인 유통은 결국 오프라인 유통과 업의 본질은 같다. 예전에 유통업은 동네마다의 잡화점 모습에서 백화점이라는 쾌적한 쇼핑 환경에 모든 물건을 다 파는 형태로 발전했다가 백화점에서 파는 물건들을 카테고리별로 따로 취급하는 형태, 즉 과일 전문점, 의류 전문점, 가전 전문점 등으로 분화되었다. 또 취급 품목 전문화 외에도 월마트와 같이 가격을 강조하는 대형 할인점, 코스트코와 같이 창고형 회원제 클럽 등으로 최종 소비자에 대한 다른 접근 방법을 강조하는 방식으로 진화하였다. 오프라인 유통에 비해 상대적으로 역사가 짧은 온라인 유통 역시 같은 방식으로 분화되고 진화하는 중이다.

Wayfair는 오늘날 최대 가정 용품과 가구의 온라인 셀러이다. Wayfair는 집안을 꾸미는 장식품이나 가구의 사진을 직접 찍고 크기를 측정하여 제공함으로써 소비자들이 그들이 계획하는 집안 장식을 시각화 할 수 있도록 차별화하였다. 아마존은 Wayfair의 성공을 확인하고서도 아직도 공급업자가 제공한 사진만 올려놓고 있다. 아마도 아마존은 30억개의 아이템을 파는 반면

그림 3-2 Wayfair 사진 예시

Wayfair는 1,400만개를 팔기 때문일 것이다. 아마존이 자체적으로 사진을 찍기 위해 갖추어야 하는 인프라와 추가 비용이 엄청나고 특히 판매의 반이 넘는 부분이 제3자에 의해 독자적으로 운영되는 marketplace에서 나온다는 점을 감안하면 더욱 그렇다. Wayfair의 방식으로 성공하기 위해선 아마존은 새 제품 라인업 추가를 위해 더 긴 리드타임이 필요하고 웹사이트가 늦게 반응할 것이고 시각적으로 어수선해질 것이다.

아마존은 공급업자의 협상력을 최대한 낮추는 월마트와 비슷하다. 이에 반해 여성복과 아동복을 온라인에서 판매하는 Zulily는 코스트코와 유사한 방식으로 공급업자에게 접근하였다. 상당수의 공급업자들은 더 큰 marketplace에서 팔 수 있는 아마존 대신 고품질 서비스와 일정 물량을 보장하고 공정한 구매가격을 제시하는 Zulily의 독점 공급 계약을 받아들였다. 그래서 Zulily는 스타트업이었음에도 불구하고 조기에 양질의 공급업자들을 확보하여 다른 곳에서 살 수 없는 고품격의 독점 제품들을 팔 수 있었다. 이 회사의 매출 성장은 놀랍게도 2009년부터 2015년까지 CAGR 161%였고 홈쇼핑 채널QVC와 HSN의 모기업인 Quarte가 2015년에 24억 달러에 인수하였다.

그림 3-3 미국 가구 시장점유율(2019)

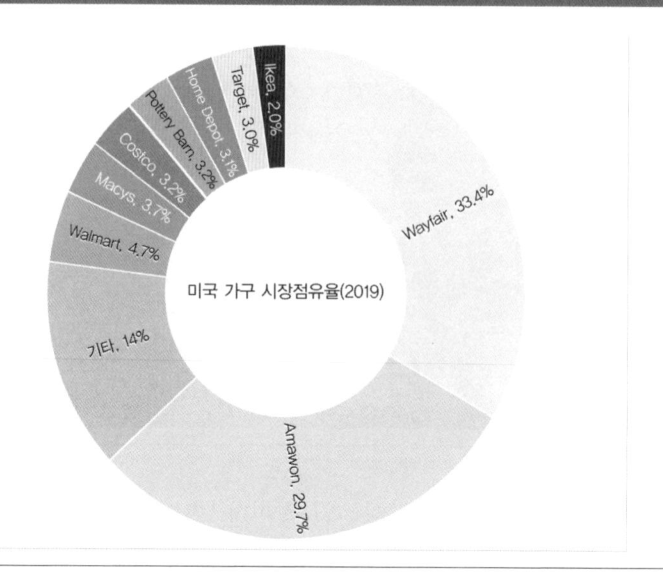

그림 3-4 Zulily 매출 성장[1]

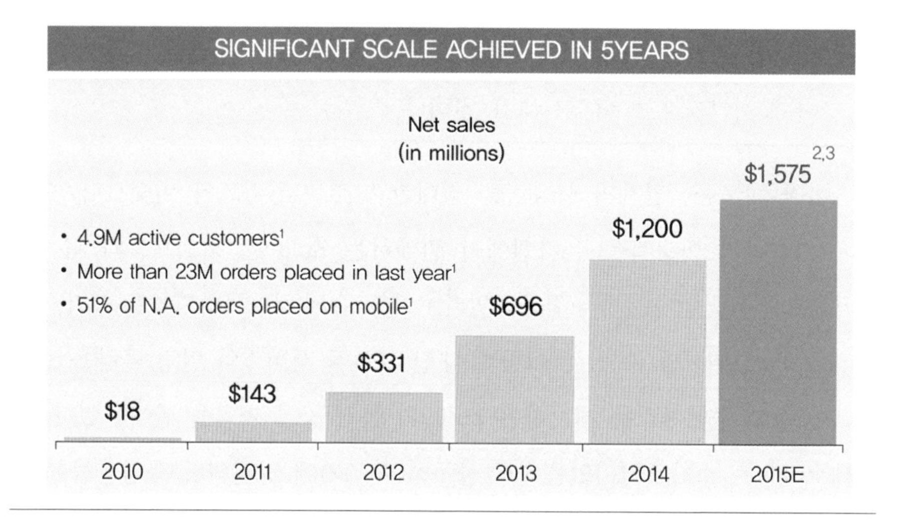

1 John Cook, "Zulily hits $1.2B in 2014 sales, plans $250M stock repurchase program as shares slump more than 20%", *Geekwire*, 2015.02.11, https://www.geekwire.com/2015/

Wayfair나 Zulily의 성공을 예감하지 못해 그들의 제안을 거절하고 아마존의 마켓 플레이스에서만 장사를 했던 공급업자와 Zulily의 제안을 받아들인 공급업자의 매출과 이익은 어떻게 되었을지를 상상해 보는 것은 어려운 일이 아닐 것이다. 영업을 하는 사람들이 고객군 산업의 흐름을 읽고 발 빠르게 대응한다면 신규 업체와 공급자의 영향력이 상대적으로 큰 상태에서 유리한 계약을 끌어내고 같이 성장할 수 있는 기회를 만들어 판매를 통해 지속적으로 이익을 창출할 수 있게 된다.

④ 대체재의 위협

일반 유통업은 물건을 사고파는 곳이다. 따라서 유통업의 대체재는 물건을 팔지 않고 대여나 리스 또는 정기적으로 공급하는 구독 서비스를 제공하는 업체들이 될 것이다. 대여나 리스는 소비자가 한 번에 많은 금액을 지불해야 하는 가격의 장애를 해소해 주고 구독 서비스는 소비자와 지속적인 관계를 맺을 수 있게 해준다는 점에서 기존 유통 업체의 위협 요인이 된다.

⑤ 기존 경쟁자들과의 경쟁

위에서 살펴본 것처럼 유통업은 구매자들의 협상력이 높고 디지털 기술의 발전으로 온라인 업체들이 기존의 진입 장벽을 넘어 신규 진입 사례가 많고 대체재의 위협 또한 증가하고 있어 경쟁의 강도가 강할 수밖에 없다. 업계 선두주자 격인 월마트와 코스트코의 영업이익률은 2020년 기준 3~4%에 머물고 있다. 결국 유통업자들은 5가지 세력 중 가장 약한 상대인 공급업자에게 비용을 전가시키기 위한 노력을 계속 할 것이고 이를 어떻게 대처할 것인가는 영업맨들에게 영원한 숙제이다.

---

zulily－hits－1－2－billion－2014－sales－plans－250－million－stock－repurchase－program－shares－continue－slump/

2) 비즈니스 모델 캔버스를 이용한 차이 분석

앞에서 유통업에 대한 5가지 세력 분석을 통해 각각의 세력이 업체마다 조금씩 다르게 작용하는 점을 살펴보았다. 이제 그 유통들이 작동하는 방법의 차이, 즉 비즈니스 모델의 차이에 의한 것을 자사의 경우처럼 비즈니스 모델 캔버스를 이용해서 분석한다. 이 책에서는 세계적인 유통업의 강자 월마트와 코스트코 그리고 아마존을 대상으로 설명하면서 비즈니스 모델 캔버스의 각 블록이 영업에 어떤 시사점을 주는지 검토한다.

표 3-1 비즈니스 모델 캔버스

<table>
<tr><td colspan="2" rowspan="2">주요
파트너들</td><td colspan="2">핵심 활동</td><td colspan="2" rowspan="2">고객에 대한
가치제안</td><td colspan="2">고객 관계</td><td colspan="2" rowspan="2">고객 세그먼트</td></tr>
<tr><td colspan="2">핵심 자원</td><td colspan="2">채널</td></tr>
<tr><td colspan="5">비용 구조</td><td colspan="5">매출 흐름</td></tr>
</table>

① 고객 세그먼트

유통마다 타깃으로 하는 고객군에 차이가 있다. 월마트는 매스 마켓을 타깃으로 하고 있고 코스트코는 일반 소비자 외에 B2B 고객도 대상으로 하고 있어 다각화(Diversified)되어 있다. 같은 온라인 유통 업체지만 아마존의 경우는 공급업자로부터 물건을 사서 재판매하는 매스 마켓과 공급업자와 소비자가 만나는 공간만 제공하고 수수료를 받는 (마켓 플레이스) 멀티사이디드 고객군을 함께 대상으로 하고 있다. 이베이나 타오바오는 순수 마켓 플레이스 유통으로 멀티사이디드 고객군이다. 자사에 대한 이해에서 설명하였듯이 마케팅적 고객 세그먼트에서 월마트는 중하위 소득계층, 코스트코는 중 상위 소득계층을 타깃으로 하는 구분과는 다른 개념이다.

영업의 입장에서는 유통의 고객 세그먼트에 따라 매출의 인식 시점과 크기 그리고 판매 비용에 차이가 발생한다. 즉 멀티사이디드 고객군을 대상으로 하는 유통은 물건을 구입해서 재판매하는 것이 아니고 장터만 제공하는 것이어서 최종 소비자가 구매해서 물건을 받아야 매출이 되고 따라서 소액의 매출이 쌓여 가는 것이다. 공급 리드 타임을 위한 재고는 자사의 재고이고 영업은 유통업체에 매출에 대한 수수료만 지급하면 된다. 매스 마켓이나 다각화 고객 대상은 유통의 창고에 물건을 공급하면 매출이 되고 재고는 유통의 재고이며 (원칙적으로는 그렇지만 장기 재고 발생시 공급업자에게 재고 소진 압력이 강하게 들어온다) 한 번에 발생하는 매출도 크지만 거래선에 주는 마진도 마켓 플레이스 유통보다 훨씬 많다.

② 고객에 대한 가치 제안

월마트의 가치 제안은 “Everyday low price”라는 슬로건이 말하듯이 매일 다양한 범위의 상품을 낮은 가격으로 고객의 접근이 편리한 자리에서 제공하는 것으로 요약할 수 있다.[2] 철저한 회원제로 운영되는 코스트코는 우수한 품질 관리와 저렴한 가격으로 회원 만족도 향상이 가치 제안이라고 할 수 있다. 2021년 4분기 기준 코스트코는 연간 최소 60달러의 가입비를 내는 회원 수가 미국에 6,000만명, 전 세계에 1억 1,300만명에 이르고 있으며 91.6%의 회원 재가입률을 보이고 있어[3] 가치 제안을 성공적으로 실현하고 있다는 것을 알 수 있다. 세상의 모든 것을 판다는 아마존은 다양한 상품과 편리한 쇼핑, 저렴한 가격과 빠른 배송을 내세우고 있다. 아마존이 내세우는 편리한 쇼핑과 빠른 배송은 새로움의 범주에 속하는 기술의 발전과 관련된 가치 제안이고 다양한 상품 제공을 위해 마켓 플레이스를 같이 운영하고 있는 것이

---

2 데이비드 J. 콜리스, 마이클 G. 룩스태드, “35단어로 회사의 전략을 말하라”, 『DBR』 7호, 2008년 4월.

3 추동훈, “코로나가 불러온 회원제 마트 붐… 코스트코 뜨고 월마트 진 이유” 『매일경제』, 2022.02.03, https://www.mk.co.kr/news/world/view/2022/02/97892/

다. 세계적인 유통 3사 모두 고객에게 저렴한 가격을 제공하는 것이 가치 제안에 포함되어 있는데 이를 실현하는 방법, 즉 전략에서는 차이가 있고 이 부분은 거래선 전략 차이 분석에서 좀 더 설명할 예정이다.

거래선의 가치 제안이 소비자들에게 잘 전달되고 수용성이 높은지를 보는 것은 우선적으로 거래의 안정성이 지속될 수 있는지를 판단하기 위함이다. 즉 코스트코의 회원수와 재가입률을 보면 회원들의 만족도가 높다는 것을 알 수 있고 따라서 앞으로도 우리에게 지금까지의 기조와 크게 다르지 않은 요구를 할 것이므로 거래선의 행동이 예측 가능한 범주에 속한다고 할 수 있다. 이에 비해 월마트의 Every day low price는 온라인 유통에 의해 많이 위협받고 있어 지금까지 보다 더 제조사에 대한 가격 압박이 강해질 가능성이 코스트코에 비해 상대적으로 높다. 다만 예전에도 월마트는 가격에 대한 압박이 강했으므로 기조에 변화가 있다고는 볼 수 없다. 영업에서 가장 상대하기 어려운 거래선은 가치 제안과 실제 행동이 다르게 나오는 거래선이다. 말로는 무엇을 추구한다고 하면서 실제로는 비즈니스 모델 캔버스의 각 블록이 따로따로인 거래선은 자신들 사업의 지속 가능성에도 문제가 있고 거래선에 대한 요구도 예측 가능한 범주를 벗어나서 오늘은 가격을 내일은 품격을 요청하는 식이다.

③ 채널

각 유통들은 타깃 고객에게 어떤 경로를 통해 자신들의 가치 제안을 알리고 있는가? 코스트코는 상업용 광고는 일절 하지 않고 회원들 대상의 직접 소통에 중점을 두고 있지만 아마존은 2021년 기준 미국 최대 광고주로 약 104억 달러 정도의 광고비를 투자하였고 월마트는 9위의 광고주로 31억 달러 정도의 광고비를 투입하였다.[4] 또 아마존은 AI비서 알렉사, 아마존 프라

---

4 *Statista*, Costco / Walmart, https://www.statista.com/ 2021.09.28

임 배송 서비스, 무인 점포 아마존 Go 등 화제성 있는 혁신 기술의 지속적 도입을 언론을 통해 적절하게 홍보하는 특징을 가지고 있다.

④ 고객과의 관계

오프라인 유통인 코스트코와 월마트 모두 지역과 제품에 따라 약간의 차이는 있지만 별도의 판매사원을 현장에 배치하지 않고 매장에서 물건을 구매하는 소비자들의 셀프서비스로 운영되고 있다. 그러나 자신들이 운영하는 온라인 몰에서는 아마존처럼 고객별 맞춤형 구매 제안 등 자동화된 서비스를 제공한다. 따라서 영업에서는 오프라인에서 판매사원을 통한 판매 촉진은 어려우므로 온라인상에서 우리 제품이 어떻게 보이게 하고 특장점을 어떻게 간결하면서도 효과적으로 전달할 수 있을지에 대한 전략이 필요하다.

⑤ 매출 흐름

월마트는 순수하게 제품의 판매에서 매출이 나오는 반면 코스트코는 제품 판매에서 오는 매출과 전 세계 1억 1,300만명의 회원에게서 받는 최소 60달러의 회비 수입이 상당하다. 아마존은 제품 판매에 따른 매출과 마켓 플레이스에서의 수수료 그리고 빠른 배송과 동영상 스트리밍 서비스를 제공하는 아마존 프라임의 회비(2022년 3월 기준 연간으로는 139달러, 월 단위로 가입하면 15달러)가 매출을 창출하는 방법이다.

그림 3-5 코스트코 멤버십 가격

자료: 코스트코 홈페이지 IR

⑥ 핵심 자원

실물 자산: 미국에만 4,674개 매장을 가지고 있는 월마트와 813개의 매장을 가지고 있는 코스트코,[5] 빠른 배송을 위해 지속적으로 배송/물류 센터를 확장하고 있는 아마존 모두 사업을 위해 상당한 실물자산을 필요로 한다. 영업에서는 거래선의 매장과 창고에 가장 효율적으로 제품을 공급할 물류 전략을 지속적으로 업데이트해야 한다.

지적 재산: 월마트는 every day low price를 실현하기 위해 1980년대 초반부터 위성과 연계해 자동 재구매 시스템을 구축하고 창고나 물류센터로 입고되는 상품을 보관하지 않고 바로 점포로 배송하는 크로스도킹 유통 시스템에 투자하는 등 공급 관리 역량에서 엄청난 지식을 축적해 왔다.[6] 아마존은 알렉사, 아마존 Go 등의 개발과 관련된 특허나 드론의 역할을 하는 세컨더리 차량을 탑재한 밴을 특허로 등록하는 등 다수의 특허를 보유하고 있지만 무엇 보다도 유통의 가장 큰 지적 재산은 고객 데이터이고 특히 아마존의 고객 관련 데이터는 양과 질에서 엄청난 지적 재산이다. 그들의 고객 데이터를 공동 제품 개발 같은 차원으로 발전시켜 활용할 수 있다면 상당한 win－win이 될 수 있다.

인적 자원: 아마존은 각종 시스템을 구축하고 소프트웨어를 개발하는 인적 자원면에서 유통업계에서 단연 앞서고 있다고 할 수 있다. 코스트코는 직원 만족도 향상을 통한 생산성 제고에 특히 중점을 두고 있어 근로자 시간당 평균 임금이 소매업계 평균 대비 2배에 이른다.

---

5 *Statista*, Costco / Walmart, https://www.statista.com/ 2021.09.28

6 매튜 S. 울슨, 데렉 반 베버, 세스 베리, “잘 나가던 기업도 주춤! ‘성장 정체’ 피할 길은 없는가” 『DBR』 2008년 3월.

재정적 자원: 코스트코나 월마트는 모두 성숙기에 접어든 기업으로 기업 성과에서 창출한 현금을 통해 재정적 자원으로 활용하고 있다. 코스트코의 경우 2021년 6.7 bil$의 영업이익을 통해 4bil$의 투자를 진행하였고, 월마트는 2021년 창출한 36bil$의 영업이익을 통해 전략적으로 집중하고 있는 e-Commerce와 Supply chain, 그리고 Store remodeling 분야에 10.3bil$의 투자를 하였고 양사 모두 철저하게 영업 현금 흐름 내에서 재정적 자원을 조달하였다.

⑦ 핵심 활동

유통의 핵심 활동은 공급망 관리 활동과 플랫폼/네트워크 구축 활동이며 아마존은 거기에 더해 쇼핑과 관련된 각종 문제 해결을 통해 가치 제안을 실현하고 있다.

⑧ 핵심 파트너

아마존은 프라임 서비스의 동영상 스트리밍 서비스에 공급할 컨텐츠 확보를 위해 영화사 MGM을 85억 달러에 인수하는 계약을 체결하는 등 2021년에만 29건의 M&A에 157억 달러를 투자하였다.[7] 핵심 파트너를 구하기보다 풍부한 재정적 자원을 등에 업고 내재화에 집중하는 모습이다. 중저가 이미지의 월마트도 프리미엄 이미지의 제트 닷컴을 2016년 33억 달러에 인수하였으나 시너지 창출에 실패하고 재매각을 준비중이다.[8]

---

7 허세민, "MS · 구글 · 아마존發 M&A, 10년 만에 최다" 『한국경제』 2022.01.23, https://www.hankyung.com/international/article/202201237543i

8 라예진, "합병이 성공 지름길? 美월마트 '제트닷컴' 실패담 잊지 말라" 『이코노미스트』 2022.07.22, https://economist.co.kr/2022/07/22/industry/distribution/20220722180003437.html

⑨ 비용 구조

월마트는 모든 비즈니스 모델을 구성하는 블록에서 엄격한 저비용 구조에 바탕을 두고 있지만 코스트코는 회원의 만족도 향상을 위해 제품의 상시 리턴 같은 고객과의 채널면에서 그리고 인적자원 같은 핵심 자원면에서 월마트 대비 가치에 중점을 두고 있다. 아마존은 유통업의 혁신을 위해 핵심 자원과 핵심 활동에서 가치 위주의 구조에 상대적으로 집중되어 있다고 할 수 있다.

3) 거래선 전략의 차이

여기에서는 유통업의 기본 가정 중 하나인 가격이 저렴해야 한다는 것에 대해서 문제 제기를 하기보다는 그것을 구현하는 전략에 충실하면서도 서로 다른 전략을 사용하는 월마트와 코스트코에 대해 분석한다. 영업에 종사하는 대부분의 사람들이 마주하는 거래선들이 이 범주에 속한다고 해도 무리가 아닐 것이다.

월마트는 철저한 차별화와 저비용의 실현으로 성공하였다. 즉 비즈니스 모델은 K-Mart와 같았지만 전략이 달랐던 것이다.[9] 월마트는 저비용을 실현하기 위해 유통업에서 가장 초기 투자가 많이 들어가는 매장 개설 비용부터 줄였다. 즉 도심에서 멀리 떨어진 한적한 시골마을에 점포를 개설하여 점포 개설비도 줄였지만 월마트가 진출한 지역에서는 통상적으로 인근 도시까지 차로 4시간 거리에 위치하여 도시와 같은 가격만 제시해도 해당 지역의 주민들에게 충분히 매력적이었다. 더욱이 다른 경쟁사 할인 매장이 들어오기에는 인구가 적어 일단 선점하고 나면 경쟁이 없는 지역적인 블루 오션이 되었던 것이다.

---

9 Joan Magretta, "Why Business Models Matter?", *HBR*, May. 2002.

또 월마트는 구매, 유통, 정보 관리 등의 혁신을 통해 소비자가 누구나 아는 유명 브랜드의 제품을 every day low price에 판매하였지만 K-Mart 등의 경쟁사들은 낮은 가격을 실현하기 위해 B급 브랜드나 품질이 떨어지는 프라이빗 라벨의 제품을 판매하였다. K-Mart가 월마트의 공급망 관리 혁신의 위력을 제대로 파악하지 못하고 'PayLess Drug Stores', 'Sports Authority', 'Office Max' 같이 관련 없는 사업으로 비관련 다각화를 통한 성장을 추구하였던 것도 물론 경쟁에서 완전히 탈락하는 데 기여를 하였다.[10]

코스트코의 전략은 저마진 고수익으로 요약할 수 있다. 코스트코의 비즈니스 모델도 Price Club과 같았지만 실현하는 전략은 달랐다(코스트코의 창업자 James D Sinegal은 Price Club의 Vice President까지 지냈다). 코스트코의 저비용 달성 전략은 철저한 재고 관리에서 시작한다.[11] 코스트코는 월마트가 약 10만개의 품목을 파는 데 비해 4,000여 개의 품목을 취급하여 연간 재고회전율이 월마트 9회 대비 높은 13회를 기록한다. 구매 비용은 공급업자에게 구입 후 1~2개월 이후에 주고 판매 대금은 즉시 회수가 되니 Cash flow가 좋아질 수밖에 없다. 코스트코가 판매하는 4,000개 품목 중 3,000개는 소비자들이 늘 찾는 품목들이고 1,000개는 소위 보물찾기(treasure hunt) 제품으로 다이아몬드, 웨딩드레스 등 자주 접하지 못하던 제품을 싼 가격에 제공하여 회원들에게 새로운 즐거움을 준다. 우량 공급선만을 선택하여 물량을 보장하는 조건으로 단가도 내리지만 철저한 품질 관리가 될 수 있도록 하고 매장 내 사용 신용카드도 1개만 허용해서 카드 회사의 수수료를 인하할 정도로 철

10 매튜 S. 울슨, 데렉 반 베버, 세스 베리. "잘 나가던 기업도 주춤! '성장 정체' 피할 길은 없는가" 『DBR』 2008년 3월.

11 이용성, "[Case study] 미국 코스트코 '아마존 시대'에도 계속되는 창고형 할인마트 성공 신화 회원제로 '저마진 · 고수익' 유지… 작년 매출 134조원" 『Economy Chosun』 218호, 2017.09.18, http://economychosun.com/client/news/view.php?boardName=C01&t_num=12313

그림 3-6 코스트코와 월마트 전략 캔버스 비교

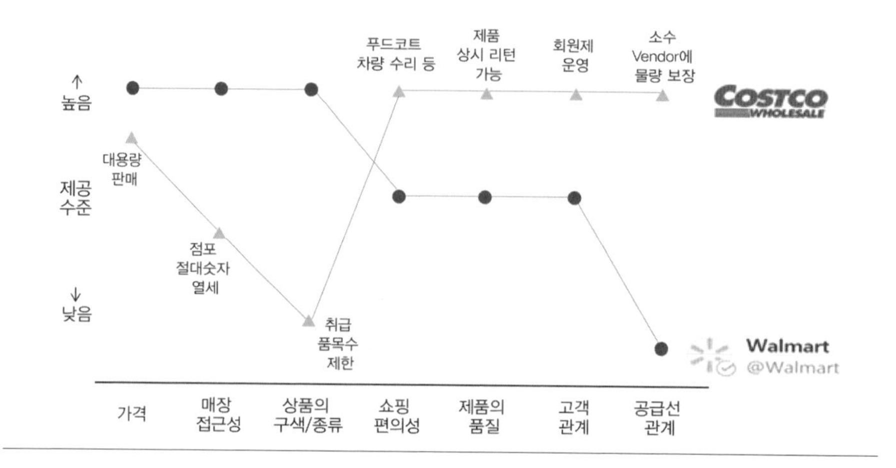

그림 3-7 월마트와 코스트코 ERRC그리드

Eliminate	Raise
	• K-Mart 등 초기 경쟁사 대비 품질
Reduce	**Create**
• 원가 상승 요인이 되는 각종 비용	• 시골 지역 선점 • 공급선에 대한 각종 Penalty (CPFR에 의한 Fill Rate, 3주 이상 재고에 대해 제조사 비용으로 강제 할인 판매)
* CPFR (Collaborative Planning Forecasting Replenishment) : 공급사와 유통업체가 상호 공동으로 공급 수량을 예측하여 함께 관리하는 SCM 운용 Tool	

COSTCO WHOLESALE

Eliminate	Raise
• 상업용 광고	• 품질 • Private Brand(Kirkland) • 공급선과의 관계 • 재고회전율 • 종업원 만족도
Reduce	**Create**
• 취급 상품 가짓수 • 카드 수수료(1카드 원칙)	• 연회원 회비 • 쇼핑 편의성(푸드코트 등) • 상시 반품

저하게 저비용을 달성한다. 그러면서도 직원 만족도 향상을 통한 생산성 제고를 위해 근로자 시간당 평균 임금을 소매업계 평균 대비 2배를 지불한다. 즉 코스트코의 저비용 추구는 회원들의 만족도 향상이라는 가치 제안의 실현을 위해 월마트 대비 덜 극단적이다. 따라서 원가율이 월마트의 75% 대비 훨씬 높은 89%에 달한다. 그러나 비즈니스 모델에서 본 것처럼 연회비로 수익성을 보전할 수 있다.

이와 같은 양사의 전략 차이는 블루오션 전략에서 설명하는 전략 캔버스를 그려 보면 보다 더 명확하게 알 수 있다.

또한 양사의 ERRC 그리드를 보면 같은 목적에 다른 수단을 사용하고 있음도 알 수 있다.

2 거래선 내 자사의 위치에 대한 이해

지금까지 거래선이 속한 산업군과 거래선의 비즈니스 모델을 분석하고 거래선 간 전략의 차이에 대해 이해하였다면 이제 거래선과 자사의 상대적 위치에 따른 운동장 기울기의 차이를 이해하여야 한다.

1) 거래선의 제품군별 매입 비중 파악

우선 해야 할 일은 우리와 거래선 간 현재 어떤 관계에 있는지를 정확하게 파악하는 것이다. 만일 우리가 거래하는 A라는 거래선의 매입 비중을 제품군 별로 나타내 본다.

자사가 속해 있는 제품군이 가구나 화장품 같이 거래선 매입 비중에서 차지하는 비중이 낮다면 우리 회사는 거래선 경영진의 관심을 받기 어렵다.

즉 해당 제품 구매 책임자 선에서 모든 의사결정이 내려질 가능성이 높다. 영업 일선에서는 거래선의 마진을 더 올려 달라, 가격을 깎아 달라, 판촉비를 더 지원해달라와 같은 수없이 많은 요구에 수동적으로 대응할 수밖에 없는 것이 현실인데 그러한 현상을 타개하기 위해서는 자사와 거래선의 최고 경영자가 만나서 전략적인 합의를 이끌어 내는 것이 최선이다. 즉 호혜적인 협상을 위해서는 거래선이 마진을 더 달라고 하고 우리는 덜 줄려고 하는 고정된 파이를 나눠 먹는 방식이 아니고 파이를 키우는 작업이 필요하다. 필자는 거래선을 만나 협상을 할 때 우리가 내년에 매출을 얼마하고 싶다고 하는 요청하는 대신, 우리가 당신들에게 올해는 마진으로 이 정도 금액을 주었는데 내년에는 이렇게 더 주고 싶다고 말을 꺼냈다. 더 주려면 우리가 이 정도 매출을 해야 하는데 그러기 위해선 우리의 고가 제품을 더 가져가야 하고 그 고가 제품이 실제로 팔려서 재고가 안 되려면 이런 전시 공간을 제공해 주어야 하고… 이런 식으로 이야기를 풀어 나갔다. 그런데 이런 대화는 구매 실무자하고 해서는 절대 통하지 않는다. 그들은 회사의 마진의 절대액을 더 가져오는 것으로 평가받는 게 아니고 마진율을 얼마나 더 받아냈는지 가격을 얼마나 인하했는지로 평가받기 때문이다(이 부분에 대해서는 3. 거래선과의 협상 시 고

그림 3-8 A 거래선 매입 비중

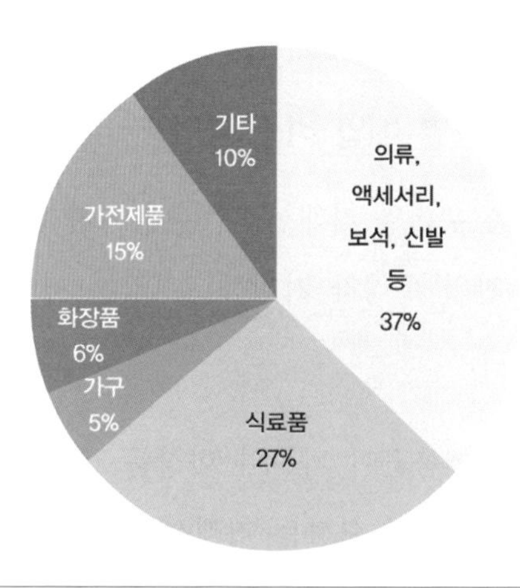

려사항 부분에서 좀 더 자세히 설명할 예정이다). 그러나 최고 경영자는 다르다. 마진율이나 가격은 수단이지 목적이 아니기 때문이다. 거래선의 목적은 이익을 내는 것이다.

영업 조직의 인사와 관련해서도 이렇게 우리가 속한 제품군의 비중이 낮은 거래선을 상대하는 팀의 팀장은 우리 영업 조직의 장이나 최고 경영자의 직접적인 지원을 받기 어려우므로 더 독자적으로 업무를 수행할 수 있는 능력을 갖춘 사람을 선임하여야 한다.

2) 거래선의 매입 비중과 자사/경쟁사 매출 비중 비교

거래선이 연간 매입하는 금액이 얼마인지, 그 중에서 자사로부터 매입하는 금액이 얼마인지, 그리고 자사의 매출은 얼마이고 그 중에서 해당 거래선에 대한 매출 금액이 얼마인지를 [그림 3-9]와 같이 정리한다.

그림 3-9 자사 매출액과 거래선 매입 비중

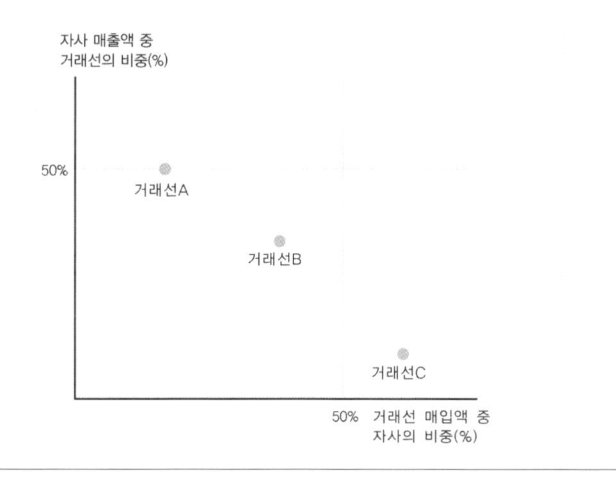

거래선 A는 자사 매출에서 차지하는 비중은 높으나 거래선에서 매입하

는 금액에서 차지하는 비중은 낮은 거래선이다. 우리 입장에선 중요한 거래선이나 거래선 입장에서 자사는 그렇게 중요하지 않다는 뜻이다. 즉 모든 협상에서 자사가 거래선의 요구에 끌려 다니기 쉬운 거래선이다. 반대의 경우가 거래선 C이고 거래선 B는 어느 정도는 힘의 균형이 맞춰져 있다고 할 수 있다. 즉 거래선과 자사와의 관계를 이렇게 분석해 보면 우리가 취할 수 있는 옵션이 어떤지를 알 수 있다. 협상력이 약한 상태에서 하는 거래로 이익을 내기는 어렵다. 따라서 협상력을 올릴 수 있는 지위로 올라가든지 아니면 의도적으로 매출 전체를 조정하거나 우리가 파는 제품의 포트폴리오를 조정해야 한다. 경쟁사도 이렇게 분석해 보면 해당 거래선에서 자사/경쟁사가 어떤 대접을 받을지가 분명해진다.

아이폰을 파는 애플의 경우를 예로 들면, 통신 사업자는 일반적으로 휴대폰을 제조하는 회사에게 절대적으로 중요한 고객이다. 통신 사업자가 보조금을 특정 모델에 얼마를 투입할 것이냐에 따라 시장에서 소비자가 구매하는 가격에 큰 차이가 나기 때문이다. 대부분의 통신사에서 아이폰은 매입 금액 중 차지하는 비중이 제일 클 것이다. 그러나 애플의 입장에서 보면 해당 통신 사업자가 자신들 매출에서 차지하는 비중이 낮을 수밖에 없다. 그렇게 되면 물건을 파는 입장인 애플의 협상력이 사는 입장인 통신 사업자보다 높아지게 되는 것이다.

물론 매출액이 전부는 아니다. 백화점의 경우 일반적인 회사가 유명 고급 백화점에 입점하기는 쉽지 않다. 그러나 명품 럭셔리 브랜드라면 입장이 달라진다. 고급 백화점의 가치 제안은 브랜드/사회적 신분과 관련된 것이어서 백화점의 매출 금액 중에 해당 럭셔리 명품 브랜드가 차지하는 비중이 낮더라도 꼭 입점을 시켜야 되는 것이고 따라서 협상의 주도권은 해당 브랜드에 있다.

표 3-2 자사 매출액과 거래선 비중

	자사매출	타사	계	거래선 내 자사 비중	자사 내 거래선 비중	거래선 M/S
거래선 A	300	1,200	1,500	20%	50%	70%
거래선 B	200	300	500	40%	33%	23%
거래선 C	100	50	150	67%	17%	7%
계	600	1,550	2,150	28%	100%	100%

아마 이 책에서 예를 드는 대상 기업 대부분은 위의 애플이나 명품 브랜드의 영업을 하는 회사가 아니고 거래선과의 협상에서 많은 어려움을 겪고 있는 상황일 것이다. 이제 협상력의 차이를 인식했으면 한 걸음 더 나아가 시장 전체에서 각 거래선이 차지하는 비중을 [표 3-2]와 같이 검토한다.

거래선 A는 유통 시장에서 점유율이 70%인데 자사의 매출에서는 제일 높은 비중을 차지하고 있지만 거래선 내 자사 비중은 20%에 불과하다. 거래선 C는 A보다 작은 거래선인데 자사 매출 비중은 제일 낮은 위치에 있지만 거래선 내 비중은 가장 높다는 것을 알 수 있다. 만일 거래선 A가 코스트코와 같이 일정 물량도 보장해주고 마진에 대한 요구도 적정한 거래선이라면 우리 회사의 손익은 좋을 것이고 월마트와 같이 저비용을 요구하는 매스 머천트 (Mass Merchant)라면 이익이 나쁜 모습일 것이다. 우리가 속한 산업군의 특성에 따라 우리 회사의 수익성이 결정되는 것처럼 우리가 가진 협상력의 세기에 따라 그리고 거래선의 특성에 따라 수익성이 달라지는 것이다. 따라서 최선의 이익을 낼 수 있는 방법으로 거래선의 매출 비중을 조정하는 거래선 포트폴리오 전략이 필요하다.

3) 거래선별 슬랏 분석

2장 자사에 대한 이해 부분에서 시장의 슬랏을 분석하는 방법을 검토하였고 이제 거래선별로 슬랏 분석을 한다. 왜 우리 회사가 어떤 거래선에서는 비중이 높고 어떤 거래선에서는 낮은지가 분명해진다. 문제의 원인을 알면

표 3-3 Slot 비교 (거래선 1 vs. 거래선 2)

실판가 (비중) USD	거래선 1 (25%)					실판가 (비중) USD	거래선 2 (30%)			
	42" (11%)	47" (25%)	50/55" (4%)	60" (29%)	75"↑ (30%)		42" (60%)	47" (24%)	50/55" (9%)	60"↑ (7%)
4,000↑ (22%)				✔5→3 자사 20/1 경쟁사 67/3	14→19 자사 35/2 경쟁사 40/3	4,000↑ (0%)				
3,999 ~3,000 (9%)				5→2 자사 100/1 경쟁사 -	4→7 자사 - 경쟁사100/4	3,999 ~3,000 (0%)				
2,999 ~2,000 (8%)			2→1.1 자사 25/1 경쟁사 75/2	6→3 자사 - 경쟁사100/4	4→4 자사 70/2 경쟁사 15/2	2,999 ~2,000 (0%)				
1,999 ~1,500 (25%)			4→3.8 자사 11/2 경쟁사 89/1	10→21 자사 52/1 경쟁사 33/1		1,999 ~1,500 (0%)				
1,499 ~1,000 (21%)		17→21 자사 63/2 경쟁사 27/2				1,499 ~1,000 (11%)			2→4 자사 25/1 경쟁사 75/1	1→7 자사 75/2 경쟁사 20/1
999 ~800 (9%)	6→7 자사 42/1 경쟁사 52/2	6→2 자사 21/1 경쟁사 62/2				999 ~800 (15%)		9→10 자사 80/2 경쟁사 20/3	8→5 자사 25/1 경쟁사 55/1	
799 ~600 (4%)	9→2 자사 - 경쟁사100/4	1→2 자사 - 경쟁사100/1				799 ~600 (14%)		17→14 자사 40/1 경쟁사 30/1		
600↓ (2%)	3→2 자사 - 경쟁사 60/1					600↓ (60%)	42→60 자사 - 경쟁사 77/2			

거래선 1 슬랏 커버리지 : 84% **거래선 2 슬랏 커버리지 : 40%**

해결할 수 있다.

모든 거래선에 대해 슬랏 분석표를 만들어야 하지만 편의상 2개의 거래선을 비교해서 설명하면 거래선 1은 TV 시장의 25%를, 거래선 2는 30%를 차지하고 있다. 가로축은 제품 사이즈별 모델이, 세로축은 가격이 표시되어 있고 세로축의 가격 밑에 표시되어 있는 %는 해당 거래선의 판매 비중을 말한다. ✔라고 표시된 슬랏을 예시로 설명하면, 맨 위에 있는 숫자는 작년에는 해당 슬랏의 크기가 5%였고 올해는 3%로 줄어들었다는 것을 표시하고 그 밑에 자사의 숫자 20/1은 그 슬랏 내 승률/모델 수를 나타낸다. 즉 자사는 그 슬랏 내 승률이 20%인데 한 모델로 그 승률을 올리고 있고 경쟁사는 승률이 67%이고 모델 수는 3개를 운영하고 있다는 뜻이다. 조금 복잡해 보이긴 하지만 이렇게 표시하고 보면 해당 거래선의 영업 담당자가 아니더라도 거래선 내 경쟁의 현황을 한눈에 볼 수 있게 되어 영업 및 관련 부문의 책임자들이 모여서 논의하기에 적합하다.

거래선의 슬랏을 보면 거래선 1은 상대적으로 고가 제품군의 비중이 높고 거래선 2는 저가 제품군의 비중이 높다. 즉 거래선 1의 세로축을 보면 1,500$ 이상 시장의 비중이 64%인 데 반해 거래선2는 1,500$ 이상의 제품은 아예 판매를 하지 않고 600$ 이하 시장의 비중이 60%이다. 자사는 600$ 이하의 제품은 아예 없는데 거래선 1은 그 슬랏의 비중이 2%이고 거래선 2는 그 비중이 60%이기 때문에 자사가 거래선 2에서의 슬랏 커버리지가 40%에 불과한 것이다. 슬랏 커버리지가 40%라고 하면 마치 축구 시합을 하면서 60%의 공간은 비워두고 40%의 공간만 활용하는 것과 같다. 시합에서 이길 것을 바라는 것 자체가 말이 안 된다. 만일 자사가 브랜드 보호를 위해 전략적으로 600$ 이하의 제품을 안 만드는 것이거나 그 가격대 제품을 내 놓아도 이익을 못 내기 때문이라면 전략적으로 선택을 한 것이기 때문에 관계없으나 그렇지 않다면 제대로 거래선 분석을 못해서 시장을 비워 놓은 결과가 발생한 것이다. 즉 11명이 하는 축구 시합에서 규칙을 몰라 10명만 출전시킨 모습과 같다. 더욱이 이런 상황에서 거래선 1의 영업 책임자는 진급을 하고 거래선 2의 책임자는 문책을 당하면 영업 부서 내에서 서로 거래선 2는 맡지 않으려고 하고 거래선 1은 맡으려는 사람이 넘치는 이상한 모습이 된다.

자사가 상대적으로 잘 하고 있는 거래선 1을 좀 더 상세하게 살펴보자. 4천$대 이상이 전체의 22%를 차지하고 있어 1,500$~1,999$ 슬랏의 25%에 이어 두 번째로 크고 여기에는 두 개의 슬랏이 있는데 그 중 오른쪽 슬랏이 작년 14%에서 올해 19%로 성장한 중요한 슬랏이다. 4천$대에 자사는 3개의 모델만 운영하고 있는 데 반해 경쟁사는 6개의 모델을 운영하여 수적으로 열세이고 3천$대에서는 맨 오른쪽 슬랏을 비워 놓고 있다. 600$대 슬랏과 600$ 이하 슬랏도 해당 모델이 없어서 거래선 1의 슬랏 커버리지는 84%이다. 600$ 가격대는 거래선 2를 보면 운영하는 모델이 있으니 가져다 쓰면 되는 것이니 영업에서 해결할 수 있지만 나머지 비어 있는 슬랏을 채우고 4천$대의 모델 수 열세를 극복하기 위해선 관련 부서의 협조가 필요하다.

흔히 회사 내에서 모델 숫자를 늘려 달라고 하면 똑똑한 모델 하나가 낫지 왜 자꾸 모델 수를 늘려 달라고 하느냐는 반발에 부딪히곤 한다. 그러나 현장에 나가 보면 경쟁사는 우리 모델 가격 아래 위에 모델들을 포진시켜 놓고 우리 모델이 잘 팔리면 아래 모델의 가격을 내려서 우리 모델과의 가격 격차를 더 크게 하거나 위의 모델 가격을 내려서 우리 모델의 가격과 같이 맞추는 방식으로 제압한다. 영국 프리미어 리그에서 손흥민 선수가 수비수 몇 명을 제치고 골을 넣는 모습을 보고 있으면 영업에서도 똑똑한 한 모델이면 될 것 같지만 그건 득점 장면 하이라이트만 봐서 그런 거고 90분 내내 보고 있으면 세 명 혹은 네 명의 수비수가 에워싸면 천하의 손흥민 선수도 고전을 면치 못한다.

특정 거래선의 특정 가격대 슬랏이 비어 있거나 모델 수가 열세인 것을 모두 모아서 우리가 가장 필요로 하는 모델부터 우선순위를 정해서 관련 부서에 요청해야 하는 것이 영업의 주된 의무이다. 지금까지 없던 새로운 기술을 활용한 제품이야 제품 기획이 전문 부서이지만 특정 가격대에 어떤 기능과 재료로 제품을 만들어 달라고 요구하는 것은 현장에서 매일 전투를 치르는 영업이 더 잘 알기 마련이다. 따라서 있는 제품을 팔아 이익을 내는 것만이 영업의 역할이 아니고 필요한 제품을 정확하게 요구하는 것까지로 영업의 역할이 확대되어야 하고 이 부분에 대해서는 4장 소비자에 대한 이해 부분에서 보다 상세하게 설명할 예정이다.

4) 거래선별 실판매가(Net Sales Price) 분석 및 관리

이번에는 조금 더 영업 실무적인 분석을 통해 영업관리의 중요성에 대해 이야기하고자 한다. 우리가 가지고 있는 제품을 특정 거래선에만 주는 경우도 물론 있지만 통상적으로는 몇 개의 거래선에서 같이 운영하고 있다. 특정 거래선에서 프로모션을 하지 않는 한 각 거래선 매장에서 표시해 놓은 가격(Tag Price)은 같은 것이 일반적이다. 그런데 우리가 이익이 나느냐 안 나느냐 하는 것은 실제 우리 손에 들어오는 금액, 즉 거래선에 마진으로 지불한 비용, 프로모션에 집행한 비용, 광고비 등 모든 비용을 제외한 실판매가가 얼마냐에 따라 다르다. 일반적으로 손익이 안 좋아서 관리 부서에서 가격을 올리라고 하면 거래선에 대한 인보이스 가격을 올리고 안 팔려서 다시 프로모션 하고를 반복하는데 그러다 보면 인보이스 가격은 올렸지만 이전보다 오히려 더 낮은 실판매가로 판매되는 경우도 발생한다. 결국 영업은 이익을 내기 위한 것이므로 거래선별 실판매가를 [그림 3−10]과 같이 만들어서 매달 내부 회의에서 점검하고 관리하여야 한다.

그림 3-10 거래선별 실판매가 비교

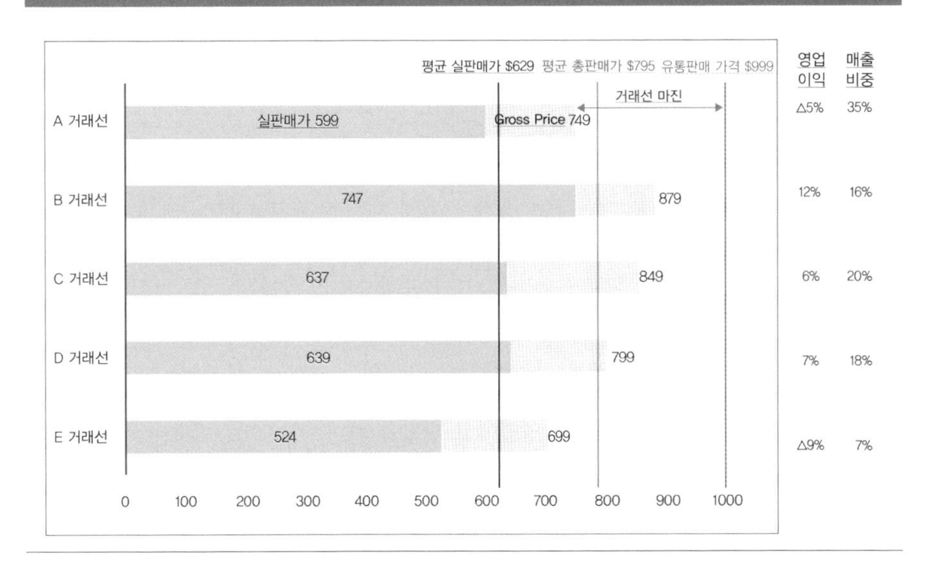

[그림 3-9]는 같은 모델을 판매한 5개 거래선의 실판매가와 총판매가가 각각 얼마이고 평균 대비 얼마나 차이를 보이는지를 보여준다. 우선 매장 표시가와 총 판매가의 차이는 거래선에 주는 마진의 차이에 따라 달라진다. 표에 의하면 E거래선의 마진이 제일 높고 A, D, C, B 거래선 순으로 높다. 다음으로 총 판매가와 실판매가의 차이는 프로모션을 얼마나 하였는지에 의해 결정된다. 통상적으로 의도하지 않았던 프로모션을 하게 되는 가장 큰 이유는 과다 유통재고를 소진하기 위해서이다. 과다 유통재고는 자사 제품의 적정 실판매량(sell out)을 감안하지 않고 무리하게 매출(sell in)을 해서 발생한다. 두 번째로는 매출 시점부터 실적 달성을 위해 할인해서 매출하는 경우인데, 특히 월말 또는 분기 말에 주로 발생한다. 필자의 경우 거래선에 매출하고자 할 때는 최근 실 판매 추이와 재고 상황을 가지고 와서 담당자가 대면결재를 받도록 해서 영업 사원이 실적 달성을 위해 무리하게 매출하는 것을 방지하곤 했다. 무리한 매출은 반드시 후환이 따르고 영업의 목적은 이익이고 매출은 수단이라는 점은 아무리 강조해도 지나침이 없다.

이런 관점에서 독자 여러분들이 볼 때 우리 회사는 어떤 거래선을 가장 잘 관리하고 있다고 보는가? A거래선의 매출 비중은 35%로 높으나 거래선 마진과 판촉비등으로 인해 실판가가 평균 대비 낮은 모습이고 다른 모델들을 다 합쳐서 거래선 전체 영업이익을 다시 따져 봐야 하지만 해당 모델만 놓고 보면 영업이익이 적자인 상태다(그렇다고 해당 모델을 A거래선에 판매하지 않으면 다른 거래선에 파는 모델 별 수익성도 전체 매출이 줄어서 계산을 다시 해야 한다. 매출을 줄여서 이익이 개선되는 것은 해당 모델의 판가가 한계이익 수준에도 못 미칠 경우에만 해당되고 실제로 모델 하나하나의 수익성은 비용을 어떻게 배분할 것인가의 기준에 따라 달라지므로 말처럼 정확하게 산출하기는 쉽지 않다. 따라서 모델별 수익성은 비용 배부 이전의 한계이익 수준을 놓고 영업에서 판단을 해야 하는 이슈이다). 거래선 B, C, D의 경우는 현재 매출 비중은 중간 정도이고 이익도 나는 상황이고 거래선 E는 거래선에 주는 마진도 제일 높고 실판매가도 524달러로 제일 낮아서 가장 문제인 것처럼 보인다. 그러나 실판가 관리 측면 즉 이익의 측면에서 보려면 총 판가와 실판매가의 차이에 주목해야 한다. 즉 거래선 A는 150달러, B는 132달러, C는 212달러, D는 160달러, E는 175달러이다. 거래선 C는 요구하는 마진도 B에 이어 두 번째로 낮음에도 불구하고 실판매가 관리를 잘 하지 못해 현재 영업이익 8% 보다 더 높은 이익을 내지 못 한 것이다. 거래선의 마진 요구액은 단기간에 개선이 어렵고 해당 영업 팀의 문제라고 보기는 어렵기 때문에 필자가 영업책임자라면 B, A, D, E, C 순서로 영업팀을 평가하고 고과 산정이나 보너스 지급을 결정할 것 같다. 이렇게 모델별/거래선별 실판가에 대한 점검을 지속적으로 실시하고 공유해서 영업사원 한 사람 한 사람에게 이익에 대한 마인드를 심어 주어야 하고 자신이 담당하고 있지 않은 다른 거래선의 상황에 대해서도 알게 해야 보다 효과적으로 담당 거래선의 요구에 대응할 수 있게 된다.

3 거래선과의 협상 시 고려사항

1) 거래선 스코어 카드에 대한 대응

대형 유통은 저마다 공급선을 평가하는 스코어 카드(Score Card)라는 기준이 있다. 여기에는 매입 주문에 대한 적기 공급률, 공급선에 제공한 유통 매장의 스퀘어미터당 매출, 불량률(입고 전 검수 불량률과 소비자 사용 중 불량률) 등 여러 항목에 세부 평가기준과 가중치를 가지고 점수를 매긴다. 점수가 낮으면 퇴출당할 수 있지만 점수가 높다고 매입을 더 해주지는 않는다. 거래선을 만날 때마다 스코어 카드 점수를 가지고 압력을 주지만 스코어 카드에는 공급자의 이익을 침해할 수 있는 요소들이 숨어 있다는 것을 명심하고 상황에 따라서 적절히 판단해야 한다. 예를 들어 적기 공급률의 점수가 낮다고 압력을 받아 해당 점수를 올리려다 보면 유통 재고가 장기화될 위험성이 있다. 거래선에서는 자동 공급 주문이 시스템에 의해 발행된다고 하지만 점수가 낮아지더라도 우리의 실판매 데이터를 확인하고 공급해야 한다. 자동 시스템이란 조건을 어떻게 설정했는지의 문제지 그 시스템이 AI로 판매 예측을 한 것은 아니고 특히 거래 계약 조건에 장기 재고가 발생하면 공급자의 동의 없이도 유통에서 프로모션을 걸고 그 비용은 공급업자가 부담한다는 조항이 있는 거래선의 경우는 특히 그렇다.

2) 거래선 핵심 성과지표 파악 및 대응

앞에서 영업/마케팅은 항상 상대방 입장에서 우리 입장을 뒤집어서 생각하고 판단해야 하고 거래선의 실무진은 자기들이 어떻게 평가받느냐로 행동한다는 설명을 한 바 있다. 거래선 누군가가 밥 사주고 술 사주면서 회사에서 나쁘게 평가받을 일을 해 달라고 하면 여러분들은 어떻게 하겠는가? 밥 먹고 술 먹는 것은 가끔 2~3시간 즐거울 수 있지만 회사에서는 매일 8시간을 보내야 한다. 따라서 거래선 접대는 윤활유 역할은 할 수 있지만 절대 거래선을 상대하는 본질이 될 수 없고 거래선과의 협상에서 가장 중요한 것은 그들이 무엇으로 평가받는가, 즉 핵심 성과지표(KPI, Key Performance Indicator)를 파악하고 그것을 맞춰 주는 것이다(마찬가지로 내가 회사에서 직속상사에게 좋은 평가를 받으려면 직속상사의 직속상사가 그를 무엇으로 평가하는지를 알고 맞춰주는 것이다).

거래선의 핵심 성과지표를 정확하게 파악하는 것은 매우 어려운 일이다. 그러나 상당히 비슷하게 유추할 수는 있다. 어떻게? 뒤집어서 생각하면 된다. 나는 무엇으로 평가 받는지 우리 회사 다른 부서는 어떻게 평가 받는지를 가지고 상대방 회사의 핵심 성과지표를 유추하면 된다. 그리고 그 회사만의 특징적인 성과지표와 최근 강조되는 성과지표는 거래선과 자주 접하다 보면 상대방의 전화와 이메일의 반복되는 내용을 통해 자연스럽게 알게 된다.

영업에서 제일 자주 접하는 거래선의 부서는 구매 부서일 것이다. 구매 부서 사람들을 만나면 우리 회사 제품의 품질이 어떻다, 제품의 특성이 경쟁사 대비 보잘것없다, 디자인이 마음에 안 든다 등등 여러 가지 불평을 한다. 영업맨들이 품질 관리를 하는 것도 아니고 제품의 특성을 결정한 것도 아니고 디자인을 한 것도 아닌 데도 지속적으로 언급한다. 영업맨들은 요청을 듣고 전달할 뿐 해당 사항에 대해 의사결정을 하는 것은 아니다. 가격도 마찬가지이다. 제조 원가가 있고 회사의 이익 목표가 있어서 거기에 맞추려다 보니 일단 얼마를 받아야 한다는 목표가 있고 그 가격을 놓고 거래선 구매부서와 밀고 당기다가 얼마 밖에는 못 받겠다는 판단이 서면 영업 책임자에게 보고할 것이다. 그러면 영업 책임자가 바로 결정할 때도 있겠지만 유관 부서와 다시 협의하기도 한다. 여기서 또 한 번 뒤집어서 생각해 본다. 구매부서가 가격이 어떻고 품질이 어떻고 하지만 그게 구매부서의 생각인지 다른 부서가 구매에 요청한 것을 전달하는 것인지? 구매 여부와 가격을 자기들이 결정한다고 그러지만 실제로 그렇겠는가? 따라서 상대방의 핵심 성과지표를 파악하고 대응한다는 것은 구매부서의 것만 파악하라는 것이 아니고 구매에 영향을 미치는 관련 부서의 핵심 성과지표와 그 회사의 의사결정에 어떤 부서의 힘이 더 크게 작용하는지에 대한 이해를 해야 한다는 뜻이다. 영업을 담당하는 사원들은 요청은 구매부서를 통해 듣지만 이 요청의 오리진(Origin)이 어디고 왜 그런 요청을 할까를 정확하게 이해하여야 대처할 수 있다.

유통업도 이익을 내고자 하는 사업이고 이익을 내려면 매출은 늘리고 비용은 줄여야 한다. 매출을 늘리려면 어떻게 하면 고객이 많이 오게 할까? 어떻게 하면 온 고객을 실제 구매로 연결시킬 수 있나? 한 번 온 고객이 어떻게 하면 또 오게 할까?가 상위 레벨의 과제이고, 비용은 앞의 조건들은 충족시키는 전제하에서 줄여야 하므로 상대적으로 하위 레벨의 과제이다. 고객이 자주 오게 하기 위해서는 접근성, 편의성이 좋으면서도 상품의 구색 그것도 소비자가 사고 싶어 하는 브랜드가 있어야 한다. 유통의 입장에서는 없으면 안 되는 브랜드, 있으면 좋은 브랜드, 없어도 되는 브랜드 이렇게 구분이 가능할 것이고, 우리 회사가 없으면 안 되는 브랜드를 가지고 있다면 일단 유리한 위치에 있고 거래조건은 좋게 마련이고 그들의 핵심 성과지표에 대해 별다른 고민 안 해도 되는 행복한 영업을 할 수 있다. 찾아온 고객을 실제 구매로 연결시키기 위해서는 거래선의 영업이 담당하는 영역인 제품의 디스플레이, 프로모션, 제품의 재고, 판촉 사원의 역량 등이 중요하고 매장 스퀘어미터당 매출, 재고 회전율 등이 핵심 성과지표로 측정되며 우리의 영업 또한 거래선과의 협업을 통해서 같이 챙겨야 할 과제이다. 즉 영업은 거래선에 판매했다고 역할이 끝나는 것이 아니고 실제 거래선 현장에서 고객에게 팔리기까지를 챙겨야 하고 그래야 추가 매출이 가능하다. 고객이 다시 찾아오게 하기 위해서는 배송, 쉬운 반품, 품질 등 유통의 고객 지원 부문이 주로 관할하는 영역이 잘 해야 하며, 반품률, 불량률 등이 관리항목이다. 비용을 줄이는 것은 거래선 구매의 영역이며 분기당 가격 인하율, 마진율 등으로 평가받는다. 물론 순수하게 한 부서가 평가받는 항목이 있고(스퀘어미터당 매출 등), 몇 개 부서에 공통적으로 해당되는 평가 항목(재고 회전율 등)도 있다.

필자가 거래선의 내부 역할 분담과 평가항목을 이렇게 길게 설명하는 것은 영업에서 거래선의 구매를 통해 요구조건을 전달받으면 가장 먼저 챙겨야 할 것이 구매가 단독으로 의사결정을 할 수 있는 건인지 아닌지 그리고 왜 요구하는지를 판단해야 하기 때문이다. 예를 들어 특정 제품의 가격을 인하하라는 압력을 받는다고 하자. 그 제품이 매장에서 실판매가 잘되는 제품이라면 거래선 영업의 입장에서는 깎아준다면 물론 좋지만 일단은 잘 팔리니 공급이 잘 되는 것이 무엇보다 중요하다. 그렇다면 구매는 왜 잘 팔리는 제품의 가격을 내리라고 할까? 앞에서 설명한 없으면 안 되는 브랜드가 제품 가격을 내리겠는가? 그런데 구매의 분기당 가격 인하율 지표는 전체 구매금액을 대상으로 한다. 그렇기 때문에 가격 인하를 안 하는 브랜드의 몫까지 다른 브랜드가 부담해야 하고 이왕이면 잘 팔리는 제품의 가격이 내려가야 달성이 쉬워지기 때문이다. 유리한 협상을 이끌어 내려면 상대방의 동기를 파악하는 것이 그래서 중요한 것이다.

3) 상대방 협상 전략에 대한 대응

이제 우리가 마주하는 상대방의 특성에 대해 알아보자. 우리는 영업사원들에게 거래선에 가면 이렇게 해라 저렇게 해라 교육을 시킨다. 마찬가지로 거래선은 구매사원들에게 교육을 시키는데 어떻게 시킬까? 특히 미국이나 유럽에서는 구매 사원 교육이 매우 철저한데, 필자가 유럽에서 근무할 당시 파악한 바로 다음과 같이 10가지를 강조한다고 한다. 그렇다면 영업은 어떻게 대응을 할까? 역시 뒤집어서 대응하면 된다. 다음은 유통에서 구매사원에게 강조하는 10가지와 거기에 대한 우리 영업사원의 대응에 대한 설명이다.

① 절대 공급자가 하는 말에 열광하는 모습을 보이지 말라

분명히 거래선에서 굉장히 좋아할 것 같았는데 내 말을 듣고 열광하지 않더라도 실망하지 말라. 실망하는 모습을 보이는 순간 우리가 약자가 된다.

② 공급자의 첫 제안에는 부정적으로 대하라

처음 제안에 부정적으로 대응했다고 아예 안 되나 보다 생각할 필요 없다.

거래선에 물건을 공급하는 업체가 우리만이 아니듯 우리도 해당 거래선 말고 다른 거래선이 있다. 거래선을 자극하는 제일 좋은 방법은 은연 중에 다른 거래선을 언급해서 그들이 질투심을 갖게 하는 것이다.

③ 불가능한 것을 요구하라

거래선이 요구하는 모든 것을 들어줄 수도 없지만 들어줄 필요도 없다. 단 이때도 영업사원은 거래선이 무리한 요구를 해도 경청하는 자세를 보이고 감정이 상할 수 있는 언행은 절대 하면 안 된다. 제일 어리석은 영업사원이 거래선이 요구하면 회사에 돌아와서 무조건 들어줘야 한다고 하는 사원이고 그거보다 더 어리석은 사원이 있다면 거래선하고 싸우고 돌아오는 사람이다.

④ 절대 먼저 타협하지 말고 추가로 협상이 가능할 수 있도록 공급자가 타협하도록 하라

먼저 타협하되 이번 타협이 항상 끝이 아님을 명심하고 추가로 협상할 수 있는 여유분은 남겨 놓아야 한다. 즉 10원을 깎아 줘도 좋다는 내부 결론을 가지고 협상에 임할 때 10원을 다 내주는 타협을 하면 안 되고 내 주머니에 여유분을 가지고 있어야 하고 이 여유분을 얼마나 가지고 있느냐가 최종 협상의 성패를 좌우한다.

⑤ 보상 없이 양보 없다

협상은 주고받는 것이고 주고받는 것의 유무형적 가치가 비슷해야 한다. 우리가 양보한 만큼 무엇을 보상받을지 사전에 시나리오 플랜을 가지고 협상에 임해야 한다. 이때 상대방이 볼 때는 큰 것이 아닌 것 같은데 우리 입장에선 큰 것이 무엇이냐를 연구해서 마지막 순간에 '정 그러면 이거라도 하나 주세요' 하는 작전이 필요하다. 그러기 위해서는 상대방 입장에서도 큰 것을 처음부터 요구하다가 다음으로 그것보다는 살짝 작은 것을 요구해서 마지막으로 내미는 우리 조건에 타협하는 것이 자기들에게 상당히 유리한 것이라는 인식을 주어야 한다. 이때 마지막 카드는 기존에 요구하던 것과 가치 산정 기준이 다를수록 얻어낼 가능성이 커진다. 즉 극단적으로 비유하자면 원래부터 내가 가져오려고 했던 것이 상대방 책상에 있는 볼펜인데 처음에 현금 1만원을 다음으로 9천원을 요구하다가 정 그러면 저 볼펜이라도 하나 주세요 하는 식이어야 성공할 수 있다.

⑥ 여럿이 만날 때는 좋은 역할을 할 사람과 나쁜 역할을 할 사람으로 나누어라

우리 앞에서 하는 행동만 보고 그 사람을 판단하면 안 되고 우리 협상팀 역시 좋은 역할을 할 사람과 나쁜 역할을 할 사람으로 나누어야 한다. 이때 통상적으로 실무자들은 싸우고 나중에 높은 사람이 양보를 하는 형식으로 협상을 끝내는 경우가 많은데 반드시 반대로 하여야 한다. 즉 팀장이나 임원이 나쁜 사람 역할을 하고 담당 사원이 좋은 역할을 하는 사람으로 나서는 것이 훨씬 회사에 유리하다. 그렇게 해야 우리 담당 영업사원이 거래선에서 볼 때 힘이 있는 사람이고 자기들 편이라는 인식을 주어 향후 거래에 유리하며 반대의 경우로 하면 늘 윗사람 불러오라는 소리만 듣고 윗사람은 실무적인 협상에 불려 다니느라 자기가 할 일을 못 하게 된다.

⑦ 거짓 핑계 대는 것을 망설이지 말라

거래선에서 핑계를 대면 그걸 곧이곧대로 믿지 말고 실제 이유가 무엇인지를 파악하라. 본 연구자도 현업에 있을 때 보면 거래선에서 월말에 갑자기 주문을 취소해 놓고 CFO 라인에서 회사 자금 사정이 안 좋으니 이번 달 모든 매입을 중단하라고 했다는 보고를 영업사원에게서 받은 적이 가끔 있다. 그러나 자세히 알아보니 경쟁사에서 월말 목표 달성을 위해 프로모션을 거는 조건으로 추가 매입을 권유해서 거래선 구매부서는 월간 총 구매금액을 초과할 수가 없어서 우리 것을 취소한 것이었다(우리에게도 목표가 있고 목표 달성에 대한 내부 압박이 있듯이 거래선 영업도 목표가 있고 거래선 구매도 구매 금액 한도가 있다). 만일 우리가 월간 목표 달성이 안 되는 상황에서 거래선에서 물건을 구매해줄 테니 특별히 가격을 내려 달라면 어떻게 대응하는 것이 좋을까? 월간 목표 달성은 물론 중요하지만 이번 달만 장사하고 안 할 것은 아니라는 생각으로 길게 보는 것이 맞는 결정이다. 경쟁사에서 무리하게 밀어 넣은 것은 꼭 탈이 나게 마련이고 우리가 추가 매출할 기회는 반드시 다시 온다.

⑧ 레코드 판 위의 바늘처럼 똑같은 반대를 반복하라

우리도 특정 요구 조건에 대해서는 레코드판 위의 바늘처럼 똑같은 반대를 반복하라. 즉 월말에 추가 매입을 조건으로 프로모션을 하라는 요구, 이번 주문에 한해서는 대금 변제를 현행 며칠에서 며칠로 늘려 달라는 요구 등 우리가 어떤 경우에도 반대하는 조건들을 사전에 영업사원들에게 확실하게 선을 그어줄 필요가 있다. 그렇지 않으면 거래선은 끊임없이 그런 요구를 하게 되고 간혹 거래선이 요구 안 했는데도 실적에 욕심을 내는 영업사원들이 거래선 요구라고 포장할 수도 있다. 또 그렇게 해 놓아야 영업 책임자도 유혹에 흔들리지 않을 수 있다.

⑨ 양보의 80%는 마지막 단계에서 이루어진다는 것을 잊지 말라

마지막 단계 전까지 절대 이 정도 선에서 마무리되겠다는 섣부른 예단을 가지면 안 된다. 지금까지의 협상보다 더 강력한 요구가 마지막 단계에서 한번 더 있을 것이라는 걸 미리 알고 내 주머니에 있는 여유분을 내 놓지 말고 움켜쥐고 있어야 한다.

⑩ 우리가 상대하는 사람들의 개인 성향과 무엇이 필요한지에 대한 정보를 최대한 수집하라

우리도 그들의 성향과 무엇을 필요로 하는지에 대한 정보를 최대한 많이 수집하고 특히 실제로 구매의 결정에 영향을 미치는 거래선 내 핵심 인사와 내부 역학관계에 대해서 사전에 파악하라. 예를 들어 어떤 거래선은 아무리 사소한 것도 CEO가 모든 것을 결정하기도 하고 또 어떤 회사는 CEO가 강력하게 매출을 드라이브하고 있어서 거래선의 영업의 입김이 구매부서보다 훨씬 강력해서 누구에게서 어떤 물건을 얼마나 살 것인지를 영업부서에서 주도하기도 한다. 아울러 우리 측 정보는 우리에게 유리한 것은 사전에 흘려라. 우리 영업담당 임원이 새로 선임되었다고 하면 거래선에서도 어떤 사람인지 구매 사원을 통해 확인하려고 한다. 이럴 때 우리 임원은 원칙에 대해서는 절대 양보가 없는 사람이라든지 회사에서 키우는 사람이라 당장의 실적에 크게 개의치 않은 사람이라든지 하는 정보를 미리 주는 것이 나중에 유리하다.

Chapter 03 Epilogue ··· B2C 영업과 B2B 영업의 차이

사실 B2C나 B2B나 영업의 기본이 다른 것은 아니다. 필자가 앞에서 설명하였던 자사와 거래선이 속한 산업군에 대한 이해, 비즈니스 모델에 대한 이해가 필요하고 무엇보다 분석적인 접근은 B2B 영업이 불특정 다수의 소비자가 아니고 특정 소수의 상대방을 대상으로 하기 때문에 적용하기가 오히려 더 용이한 면도 있다.

B2C에서는 타깃 소비자의 니즈를 충족시키기 위해 어떤 제품(Product)을 어디서(Place) 어떤 가격(Price)으로 어떻게 판촉(Promotion)할 것인가라는 마케팅 4P라는 개념이 오랫동안 활용되었지만 B2B에 그대로 적용하기에는 너무 제품 중심적이어서 고객의 고충(pain points) 해결을 위한 솔루션(solution)을 제공해야 한다는 관점에서 보면 다음과 같이 재정의할 필요가 있다.[12]

1. 제품(Product) 대신 솔루션(Solution)

고객에 대한 제안은 제품의 사양, 기능이나 기술적 우위가 아니고 고객의 니즈를 반영한 솔루션이어야 한다. 고객에게 솔루션을 제공하기 위해서는 자사가 생산하는 한두 개의 제품만으로 안 되고 다른 회사의 제품이나 소프트웨어가 묶음(Bundle)으로 들어가는 경우도 많다. 햄버거를 파는 체인에 전

12 Rethinking the 4P's, Richard Ettenson, Eduardo Conrado, Jonathan Knowles, *Harvard business review*, Vol. 91, N1, 2013, pp.26–27.

자 메뉴판을 공급한다고 가정한다. 우리 회사는 디스플레이만 파니 고객이 하드웨어만 사고 나머지는 알아서 하라고 하면 그건 솔루션이 아니고 단품을 파는 것이다. 새로운 메뉴가 나왔을 때, 가격이 변동될 때, 고객 측에서 소비자들에게 전달할 메시지가 있을 때 등 다양한 상황에서 각 매장이 아니고 햄버거 체인 본사 서버에서 간단한 조작을 통해 메뉴 변경이 가능해서 편의성과 신속성을 증대시키고 매장별 통일성을 기할 수 있으며 비용도 연간 얼마가 절감 가능하다는 가치 제안과 더불어 우리가 소프트웨어 개발 업체와 협업을 해서 고객에게 설치해주고 운영하는 방법까지 교육을 시켜주고 문제 발생시 신속하게 수리를 해 주는 것까지 제공해 주어야 솔루션이 되는 것이다.

2. 장소(Place) 대신 접근(Access)

B2C에서처럼 유통 채널이나 구매할 수 있는 장소가 아니고 고객의 구매 여정을 감안하여 고객에 접근할 수 있는 경로를 개발해야 한다. B2C에서는 물건을 사려는 사람이 검색을 통해 자기가 원하는 물건을 찾아보고 온라인에서 구매할지 직접 매장에서 확인하고 살지를 결정할 것이기 때문에 우리가 고객과의 접점을 알고 있고 사전에 준비된 상태로 있지만 B2B 고객은 거래가 반복적으로 일어나는 경우가 아니면 어디에 어떤 고객이 있는지 모르는 경우가 많다. 또 고객도 우리가 유명한 회사가 아니라면 존재를 모를 수도 있고 안다고 해도 어떻게 연락을 해야 할지 몰라서 기회를 놓치는 경우도 많다.

가장 먼저 해야 할 일은 B2B 고객을 위한 홈페이지를 만드는 것이다. 우리가 제공하는 솔루션을 매력적으로 소개하고 실제 적용 사례를 보여줘서 신뢰를 주고 담당자의 연락처를 찾기 쉽게 제공하여야 한다. 다음으로는 고객과 연관 관계가 있을 접점을 관리하는 것이다. 만일 건물을 지으려는 고객이 있다면 반드시 건축 설계사에게 설계를 의뢰할 것이고 감리를 할 감리사를 찾을 것이다. 건축 협회나 감리사 협회를 통해 각 설계사 사무소나 감리사 사무실에 우리 카탈로그를 배포한다든지 하는 방법을 찾아야 한다. 또 다른 예는 그야말로 발로 뛰는 것이다. 국토 교통부의 건축 인허가 정보서비스를 활용하면 건축 인허가 정보를 알 수 있는데 거기에는 대지 면적, 건축 면적, 건폐율 등 우리가 할 수 있는 매출의 규모를 추산할 수 있는 정보가 다 있다. 우선순위를 정해서 직접 찾아가서 건축주를 만나야 한다. B2B에서는 고객을 어떻게 하면 찾아서 접근할 수 있는지를 아는 것이 중요하다.

3. 가격(Price) 대신 가치(Value)

생산 원가나 마진, 경쟁사 가격에 중점을 두기보다 가격 대비 고객이 누릴 수 있는 혜택을 분명히 해야 한다. 즉 B2C는 체급의 경기이지만 B2B는 한계 체중이 없는 경기를 한다. 그렇다고 무조건 비싸도 된다는 것이 아니라 고객이 가장 혜택을 느낄 수 있는 것에 집중해서 기존의 솔루션이 충족시켜 주지 못하는 것을 채우고, 기존의 솔루션 중 고객이 혜택이라고 느끼지 못하는 부분은 과감히 제거해서 고객의 가치를 극대화시키는 방법을 찾아야 하고 모듈화 설계를 통해 고객에 따라 맞춤형으로 솔루션을 제공할 수 있게 하는 것이 중요하다.

4. 판촉(Promotion) 대신 교육(Education)

PR, 광고 등에 의존하기보다 고객의 구매 과정의 단계 단계에 필요한 정보를 제공해 주어야 한다. 위의 접근에서 예를 든 것처럼 건물을 지으려면 건축사에게 설계를 의뢰해야 한다. 건축사들에게 우리 솔루션의 장점에 대해 사전에 충분히 교육 기회를 제공하여 설계 단계에서부터 우리 솔루션을 염두에 두고 설계하게 하는 것이 실제 수주로 연결될 가능성을 매우 높인다. 따라서 PR이나 광고도 불특정 다수를 대상으로 하는 것은 큰 의미가 없고 건축사 협회지, 감리사 협회지에 광고를 하는 것은 의미가 있다.

B2C의 마케팅 4P처럼 B2B에서는 Solution, Access, Value, Education의 앞 글자를 따서 SAVE라고 한다.

Chapter

04

소비자에 대한 이해

1. 소비자는 늘 옳은가
2. 맥락, 공감 그리고 문제의 핵심을 감안한 고객 가치 제안
3. 제품 개발 사례 분석

Chapter
04
소비자에 대한 이해

이제 우리를 둘러보고 유통이라는 다리를 건너서 마지막으로 소비자를 만나 볼 시간이 되었다. 앞에서도 논의한 바 있듯이 영업의 최종 목표는 소비자이고 소비자의 강력한 지지를 받게 되면 유통과의 불필요한 소모전을 피할 수 있다. 또 최근에는 디지털 기술의 발전으로 유통을 통하지 않고 바로 소비자와 접점을 구축하는 D2C(Direct to Consumers) 채널도 예전에 비해 적은 비용으로 구축해서 운영할 수도 있어서 영업은 소비자에 대한 이해의 폭을 보다 넓혀야 한다.

자사와 거래선에 대한 이해를 통해서 우리가 의도치 않게 비워 놓은 슬랏이 있고 그 슬랏을 새 제품 개발을 통해 채워야 한다는 것을 알게 되었다. 또한 슬랏별 승률을 개선하는 것은 영업의 기존 역할인 거래 조건의 개선, 판촉 활동, 디스플레이 상태 개선 등의 방법만으로는 부족하다. 따라서 영업이 판매를 통해 지속 가능하게 회사의 이익을 내기 위해서는 그 역할이 정확하게 어떤 제품이 왜 필요한지를 관련 부서에 설명해서 공감을 얻고 제품에 대한 아이디어를 제공해야 한다. 즉 “있는 제품 잘 팔기”에 그치지 말고 “없는 제품 만들어 팔기”까지 영업의 역할이 확대되어야 한다. 아래 앤소프의

표 4-1 제품/시장 매트릭스

	기존 제품	신규 제품
기존 시장	① 시장 침투 전략 - 판매 노력, 사용량 증대 새로운 용도 개발 기존 제품 × 기존 시장	② 제품 개발 전략 - 혁신적인 제품, 모방적 신제품 개량적 신제품 신규 제품 × 기존 시장
신규 시장	③ 시장 개발 전략 - 새로운 사용자, 새로운 지역 기존 제품 × 신규 시장	④ 다각화 전략 - 신규 사업, 신제품 신규 제품 × 신규 시장

제품/시장 매트릭스에서[1] ①과 ③이 그동안의 영업의 역할이었다면 ②에서 혁신적인 제품은 통상적으로 상품기획부서와 제품개발부서의 영역이지만 기존 제품에서 일부 변경된 제품을 가지고 슬랏을 채우고 슬랏내 승률을 올리는 역할은 영업이 적극적으로 의견을 개진해야 한다는 뜻이다.

1 소비자는 늘 옳은가?

영업/마케팅에 종사하는 사람들은 항상 뒤집어서 생각하는 것이 몸에 배어 있어야 한다. 소비자에 대한 생각 역시 마찬가지다. 소비자는 늘 옳은가? 그렇기도 하고 그렇지 않기도 하다. 내가 회사에서는 소비자를 고민하면서 제품을 만들고 팔지만 회사 밖을 나서면 나 역시 소비자이다. 아니 내가 생산에 종사하는 시간보다 소비에 종사하는 시간이 더 길고 경험도 더 많을 것이다. 내가 오늘 산 제품들은 무슨 기준으로 판단하였고 그 결정이 옳은 것이었는가? 내가 사 온 음료수를 다른 식구들은 좋아하지 않는다면 나는 옳고 식구들은 틀린 것인가? 아니면 내가 틀린 것인가?

---

1 H. Igor. Ansoff. "Strategies for Diversification" *Harvard Business Review*. 1957, Sep.−Oct. p.114.

경쟁사에서 신제품이 나오면 내부적으로 평가를 하는 회의를 하곤 한다. 자사의 제품과 비교해서 기술적으로 누가 앞서 있는지, 제품의 사양이 누가 더 좋은 것인지 등을 자주 비교한다. 물론 필요한 일이지만 이렇게만 비교를 해서 경쟁사 제품이 혹은 우리 제품이 더 잘 팔릴 것이라고 결론을 내는 것은 소비자가 늘 옳다는 관점에서의 접근이다. 기업에서는 소비자가 옳은지 그른지를 판단하려고 하지 말고 그저 소비자의 선택을 존중하고 왜 그런 선택을 했는지를 분석하고 앞으로는 어떤 선택을 할 것인지를 예측해서 대처해야 한다.

1) 소비자의 정신 체계

행동주의 경제학자 대니얼 카너먼(Daniel Kahneman)은 사람에게는 시스템1과 시스템 2라는 두 가지 정신 체계가 있다고 하였다.[2] 시스템 1은 저절로 빠르게 작동하며, 노력이 거의 또는 전혀 필요치 않고, 자발적 통제를 모르며 시스템 2는 복잡한 계산을 비롯해 노력이 필요한 정신 활동에 주목하고 주관적 행위, 선택, 집중과 관련해 활동한다. 사람들은 보통 자신을 시스템 2와 동일시한다. 의식적이고 논리적으로 생각하는 자아이며, 믿음이 있고, 선택을 하고, 무엇을 생각하고 어떻게 행동할지 결정한다고 생각하지만 실제로는 그렇지 않다.

'주목하다'라는 뜻으로 흔히 사용하는 영어 'pay attention'은 주목이나 관심을 '지불'한다는 의미로 아주 적절한 표현이다. 말 그대로 사람들은 '관심'이라는 제한된 예산을 여러 활동에 적절히 배분하는데, 배분된 예산을 넘겨 지출하면 파산하게 마련이다. 신경을 써야 하는 여러 일이 서로 충돌할 때, 그 일들을 동시에 하기 어렵거나 불가능한 이유도 이 때문이다. 따라서 시스템 1은 충분한 생각을 하기보다 지름길로 가는 경우가 종종 있고 엄청

---

2 대니얼 카너먼, 『생각에 관한 생각』 이창신 옮김. (김영사, 2012) pp.38–53.

나게 많은 편향성을 가지고 있다.[3] 이러한 소비자 정신 체계의 특징을 살펴보면

- 정보의 홍수 속에서 인간의 뇌는 모든 정보를 다 받아들여서 처리하지 않고 적극적으로 필터링(filtering)을 하는데 이때 중요하고 쓸모 있는 정보를 필터링하기도 한다.
- 의미가 부족하면 혼동이 오므로 의미를 찾다가 환상을 만들어 내기도 한다. 사람들은 때때로 자신들의 가정으로 채워진 세세한 것들을 상상하고 실제로는 존재하지 않는 의미와 줄거리를 만든다.
- 빨리 행동하지 않으면 기회를 놓칠까 봐 성급하게 결론을 내는데 이런 성급한 결론들은 때때로 불공정하고, 자기만족적이고 비생산적이다.
- 중요한 것들을 기억하려 하지만 그런 기억들이 상위 시스템을 더 편향적으로 만들고 사고 과정에 더 큰 해를 끼친다.

또 다른 문제는 시스템 1이 언제 잘 작동하고 언제는 안 하는지 알 수 없다는 것이다. 최근의 연구에 의하면 시스템 1이 결론을 내리고 시스템 2가 설명하도록 한다고 한다. 즉 판단과 정당화가 두 개의 서로 다른 시스템에 의해 이루어진다는 것이다.

2) 소비자의 생각 모델

사람들마다 시스템 1과 시스템 2가 작동하는 비율이 서로 다르고 자동적으로 지속적으로 무의식적으로 진행된 모델화 과정을 거쳐서 이루어진 자

3 Andrew McAfee & Erik Brynjolfsson, *Machine Platform Crowd*, (Norton & Company, 2017) pp.43–44.

신만의 생각 모델을 가지고 사물을 판단한다.[4] 행동주의 경제학자들이 밝혀왔듯이 우리의 정신 모델이 최적의 선택을 하지 못하지만 우리의 선택과 행동에 지대한 영향을 미치고 있으므로 이 모델들이 어떻게 우리가 잘못된 의사결정을 하게 하는지 좀 더 살펴보자.

- **우리는 자신이 어떤 생각 모델을 가지고 있는지 잘 모른다.**

우리는 진실을 보고 있다고 생각하지만 보는 관점과 시점에 따라 어떤 영향을 받는지 잘 모른다. 같은 축구 경기를 봐도 내가 어떤 팀을 응원하느냐에 따라 반칙이나 심한 태클 등에 대한 판단이 달라진다. 또 같은 회사를 다니는 사람들도 어떻게 하면 직장에서 성공할 수 있는지에 대한 생각이 다르다.

- **그러면서도 우리 생각 모델은 아주 보수적이다.**

일단 마음속에 강하게 자리 잡은 모델은 우리가 기존 모델에 맞는 정보만을 찾기 때문에 바뀌기 어렵다. 우리가 알고 있는 것을 부정하는 정보를 적극적으로 찾기보다는 우리의 기존 세계관에 부합되고 이를 강화할 수 있는 대답을 찾는 것이 최소 노력의 원칙에 부합하기 때문이다.

- **우리의 생각 모델은 단순하다.**

우리의 생각은 효율성을 추구해서 (또는 사실상 게을러서) 사고의 과정을 단순화하려고 하고 지나치게 단순화된 모델에 의존한다. 많은 인지적 편향(Cognitive biases)이 정신 모델을 최적화하려 하지 않고 단순화하려고 한다. 그러나 너무 단순화되면 모델은 설명력도 예측력도 잃게 된다. 불행히도 사람들은 모델이 작동을 잘 못하면 그것이 자기의 잘못이 아니고 외부의 요인

4 Jennifer Riel & Roger L. Martin, "Creating great choices" (*Harvard Business Review Press*, 2017) pp.17–34.

에 의한 것이라고 자기 합리화를 한다.

- **우리는 각자 서로 다른 하나의 생각 모델만을 가지고 있다.**

하나의 모델은 진실의 일부 특징만 담고 있어서 다른 모습을 고려하는 여러 모델들이 있는 것이 자연스러운 일일 것이다. 그럼에도 불구하고 우리들은 하나의, 올바른 모델만 있다고 생각한다. 부분적으로는 학교에서 각각의 질문에는 각 하나씩의 올바른 답만 있다고 교육해서 그럴 수도 있다. 하나의 올바른 답이 있다고 교육받은 사람들은 직장에서도 다른 의견에 대해 그 사람의 생각 모델이 다르다는 관점에서 보지 않고 그 사람이 '틀렸다'라고 생각한다. 사람들에겐 두 가지 인지적 편향성이 있는데 그것 때문에 생각의 모델이 각자 다르다는 현실을 받아들이지 못하는 것에 따르는 부정적 효과를 더 확대시킨다.

친근함 편향성(affinity bias): 우리는 우리와 비슷한 사람에게 더 편안함을 느낀다. 그래서 친구들이 끼리끼리 모이는 것이고 직장에서는 면접할 때도 자기와 비슷한 사람을 선발하고 진급도 자기와 비슷한 사람을 시킨다. 우리는 세상을 다르게 보는 사람들에게는 친밀감을 덜 느끼는 것이다.

예상 편향성(projection bias): 우리는 다른 사람들도 우리처럼 생각할 것이라고 믿는 경향이 있다. 따라서 다른 사람들도 우리가 가지고 있는 정보를 제공하면 우리처럼 생각할 것이라고 예상한다. 우리 제품에 있는 이런 기능을 제대로 홍보했으면 소비자들이 다 샀을 텐데 왜 이런 걸 소홀히 했느냐 같은 질책은 영업/마케팅에 종사하는 사람들이라면 자주 듣는 말이다.

이상에서 우리는 소비자들(우리도 물론 포함)의 선택이 어떻게 이루어지는지에 대한 분석을 해 보았다. 영업/마케팅에 근무하는 사람들에게 소비자의 선택은 옳고 그름의 문제가 아니고 어떻게 활용할 것인가의 문제이다. 그러면 어떻게 활용할 것인가?

3) 소비자들의 맥락(Context)을 이해하라

우리의 생각 모델 중 많은 것들이 인생의 경험에서 왔다. 부모님의 말씀, 학교에서 배운 것, 친구들에게 들은 것 등등. 그러나 때때로 우리가 거의 알지 못하고 영향이 있었을 것이라고는 전혀 생각지 못한 어떤 순간에 의해 조작될 수 있다.

미국 듀크대 교수 Dan Ariely가 그의 저서 Predictalbly Irrational에서 서술한 실험 결과를 보자.[5] 그는 MIT대학 인근의 펍(Pub)에서 그 학교 학생들을 대상으로 버드와이저와 MIT맥주라는 두 브랜드의 맥주를 공짜로 제공하면서 그 중 어떤 맥주를 더 선호하는지 실험을 하였다.

어떤 경우에는 아무런 설명 없이 맥주의 이름만 알려주고 테스트를 진행했더니 대부분의 학생들이 MIT맥주가 더 맛있다고 하였다. 두 번째로는 맥주에 대해 사전에 설명을 해주었다. 실상 MIT맥주라고 이름 붙인 것은 일반 버드와이저 맥주에 발사믹 식초 몇 방울 떨어뜨린 것이라는 것을 학생들이 알게 한 후에 마시게 하였더니 학생들이 MIT맥주에서의 식초에 첫 입에 움찔하면서 버드와이저 맥주를 강하게 선호하였다. 마지막으로 세 번째 그룹의 학생들에게 두 종류의 맥주를 마시게 한 후 그들이 어떤 맥주를 선호하는지 대답하기 전에 MIT맥주에 대해 설명을 했더니 첫 번째와 비슷한 결과가 나왔고 두 번째보다 훨씬 많은 학생들이 MIT맥주를 선호하였다. 이는 맥락에서의 작은 변화가 아주 다른 결정을 하게 된다는 것을 잘 보여주는 실험이다.

우리들이 하는 생각과 판단은 맥락에 따라 아주 다르다. 내가 운전을 할

5 Jennifer Riel & Roger L. Martin. "Creating great choices" (*Harvard Business Review Press*, 2017) pp.23－24에서 재인용.

때 횡단보도를 건너는 보행자를 보면서 드는 생각과 내가 걸어서 횡단보도를 건널 때 운전자를 볼 때의 생각이 다르다. 그래서 골프를 치러 나가면 세상에서 제일 느린 팀은 앞 팀이고 제일 빠른 팀은 뒤 팀인 것이다.

4) 소비자들의 공감을 얻어라

앞에서 설명한 것처럼 소비자들은 많은 정보들 중에서 필터링을 해서 제한된 정보만을 처리한다. 내가 제공하는 정보가 필터링을 당하지 않으려면 소비자들의 입맛에 맞는 정보, 즉 그들의 생각 모델에 이미 자리 잡은 것에서 벗어나지 않아야 하고 또 필터링 이후 정보 처리 욕구가 생길 만큼 새로운 것이어야 한다.

즉, 소비자들은 아주 익숙한 정보는 너무 잘 아는 내용이어서 또 매우 낯 설은 정보는 필터링을 해 버리고 아예 정보 처리를 하지 않는다. 그런데 매우 익숙해서 필터링을 통과해서 들어온 정보가 어딘지 낯설 때 그 정보에 대한 선호도가 올라가고 정보 처리 욕구 또한 올라가게 되는 것이다.

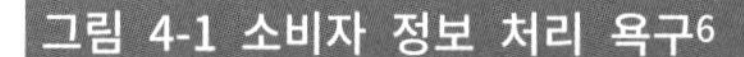
그림 4-1 소비자 정보 처리 욕구[6]

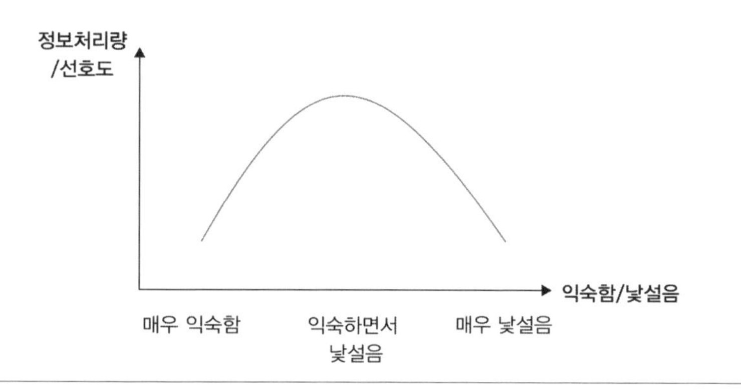

6 신병철, 『브랜드 인사이트』 (산림 출판사, 2003), p.88.

5) 소비자들이 겪는 문제의 핵심을 바로 공략하라

예를 들어 내가 자동차 회사에 근무하는데 소비자들이 자동차 키를 어디에 두었는지를 자주 잊어버려서 애를 먹는 문제를 해결해야 한다고 하자.[7] 소비자들이 키를 잃어버리는 문제만을 해결하기 위해 집중하면 결국 키를 더 크게 만든다든지 아니면 불빛이 반짝이는 키 고리를 제공한다든지 박수를 치면 전자음으로 응답하는 키를 만든다든지 같은 해결책을 생각하게 될 것이다. 그러나 자동차 키가 애초에 왜 만들어졌는지, 즉 어떤 문제를 해결하려고 만들었는지를 생각해 보면(Jobs to be done) 완전히 다른 해결책이 나온다. 즉 키 없이도 시동을 걸고 끌 수 있게 하면 되는 것이다. 이렇게 소비자가 겪는 문제의 핵심을 바로 공략하게 되면 고객의 와우(Wow) 하는 반응을 이끌어내서 정보처리의 한계를 벗어나게 된다.

2 맥락, 공감 그리고 문제의 핵심을 감안한 고객가치 제안

2장과 3장에서 소개한 비즈니스 모델 캔버스를 만들었던 알렉스 오스터왈더와 이브 피뇌르는 그렉 베르나다와 알랜 스미스와 함께 공저한 저서 '가치 제안 디자인'(Value Proposition Design, 2014)에서 우리가 제공하는 제품/서비스가 어떤 타깃 고객에게 어떠한 가치를 제공하는지를 일목요연하게 정리해서 볼 수 있는 고객가치 지도를 만들었다.[8] 비즈니스 모델 캔버스에서 기업 전체의 타깃 고객에 대한 가치 제안을 논의하였는데 개별 제품/서비스는 보다 정교한 타깃 고객에게 보다 상세한 가치 제안을 필요로 한다.

---

7 David Kord Murray, *Borrowing Brilliance*, (Gothan Books, 2010), p.54.

8 Alex Osterwalder, Yves Pigneur, Greg Bernarda, Alan Smith, *Value Proposition Design*, (Wiley, 2014) pp.8－61.

우리는 흔히 고객이 뭘 원하는지를 알아야 한다고 하지만 그것은 고객에게 어떤 제품이나 서비스의 아이디어, 컨셉이나 프로토타입에 대해 피드백을 받는 것을 의미하는 것이 아니다.[9] 고객이 원하는 것을 안다는 것은 고객이 그 제품/서비스로 어떤 일을 하려고 하는지, 그리고 고객이 일을 마쳤을 때 기대하는 결과와 혜택은 무엇이며 그 일이 잘 되었다는 것을 판단하는 기준이 무엇인지와 고객이 새로운 제품/서비스를 사용하는 데 있어서의 어려움이 무엇인지를 안다는 것을 말한다.

이렇게 파악된 고객 프로파일을 기준으로 우리의 제품/서비스가 어떻게 고객이 기대하는 결과와 혜택을 줄 수 있고 고객이 겪는 어려움을 없애 줄 수 있는지를 쉽고 분명하면서도 간결하게 설명해주는 것이 잘 된 가치 제안이다.

1) 타깃 고객의 프로파일(Profile)

여기서 말하는 프로파일은 20~30대 중반의 도시에 사는 고소득층 남성 같은 마케팅에서 흔히 쓰는 고객 프로파일과는 다른 개념이다. 자동차를 만들어 파는 회사라면 차를 사고자 하는 사람, 업무용 소프트웨어를 파는 회사라면 그 소프트웨어를 사용할 가능성이 있는 사람과 같이 그 회사의 고객이 될 가능성이 있는 사람의 프로파일을 말하는 것이다. 앞의 슬랏 분석에서 자동차를 대상으로 하였으므로 고객 프로파일 작성도 자동차를 예시로 설명한다.

① 고객이 하고자 하는 일(Customer Jobs)

고객 자신의 언어로 표현되는 업무 또는 생활에서 하고자 하는 일을 말한다. 고객의 일(Job)이란 고객이 업무 또는 일상생활에서 하려고 하는 것(trying to get done)이고 일(Task)일 수도, 해결하려는 문제(Problem)일 수도 있

9 Anthony W. Ulwick. *What customer want.* (McGrow Hill, 2005) pp.15-38.

그림 4-2 고객 프로파일 작성[10]

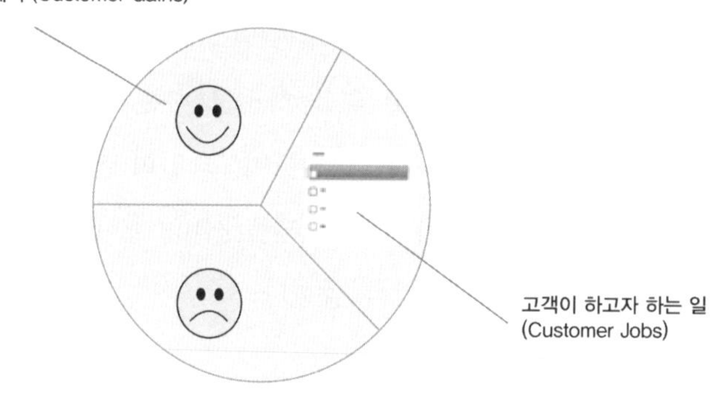

고 만족시키려는 필요(Needs)일 수도 있다. 고객의 일은 주된 일과 보조적인 일로 구분해서 볼 수 있다.

i) 주된 일(Main Jobs)

기능적인 일(Functional Jobs): 자동차로 장소와 장소간 이동을 하는 것과 같이 고객이 하려는 특정적인 일 또는 해결하려는 특정적인 과제를 말하며 가능한 상세하게 작성을 해야 뒤에 나오는 고객의 어려움과 기대하는 혜택/효과를 맥락에 따라 작성할 수 있다. 즉 자가 운전자가 이동을 하려면 운전을 해야 하는데 이것 역시 도심을 운전한다, 울퉁불퉁한 비포장 도로를 운전한다와 같은 장소적 상황과, 야간에 운전한다와 같이 시간적 상황, 출퇴근을 한다, 가족과 놀러 간다와 같은 목적에 따라서 나누어 작성해야 하고 운전만 하는 것이 아니고 주차도 해야 하고 또 나 혼자 운전할 수도 있지만 가족 누군가도 운전할 수도 있고 등등 차를 가지고 하는 모든 기능적인 일을

10 Alex Osterwalder, Yves Pigneur, Greg Bernarda, Alan Smith, *Value Proposition Design*, (Wiley, 2014) p.9.

세분해서 작성해야 한다. 만일 언제나 기사를 고용해서 운전을 시키고 자기는 운전을 안 할 고객이나 자동차를 구입해서 운수업을 하고 싶은 고객과 같은 경우는 별도로 고객 프로파일을 만들어야 한다.

사회적인 일(Social Jobs): 고객이 다른 사람에게 좋게 보이고 싶거나 힘이나 지위를 얻는 것 등과 관련된 일이다. 소위 말하는 고가의 자동차에서 내릴 때 주변의 시선을 의식하는 하차감과 관련된 것이다.

개인적 감정적 일(Personal/Emotional Jobs): 운전할 때 안전함을 느끼고 싶다거나, 주차할 때 조바심을 안 내고 싶은 것 같이 고객이 기분이 좋음을 느끼거나 특정 감정적 상태를 원하는 것이다.

ii) 보조적인 일(Supporting Jobs)

고객은 같은 사람이지만 소비자로서 또는 전문가로서 구매와 소비의 맥락에서 보조적인 일들을 하게 된다. 자동차를 사기 위해 여러 메이커의 가격과 사양을 비교하고 또 실제 해당 자동차를 시승해보기도 하고 또 자신이 타는 자동차의 품평을 온라인상에 올리기도 하고 쓰던 차를 중고시장에서 판매하기도 한다. 이렇게 주된 일과 보조적인 일이 결합돼서 고객의 일이 결정되는 것이 대부분이고 기업은 소비자의 주된 일뿐 아니라 보조적인 일까지 파악해야 좋은 가치 제안을 할 수 있다.

가치의 구매자로서의 일: 자동차의 성능과 사양, 가격을 비교하거나 판매사원과 판매 조건을 논의하거나 계약을 체결하거나 탁송을 받는 등 가치를 구매하는 것과 관련된 일을 말한다.

가치의 공동 창조자로서의 일: 제품 리뷰를 쓴다든지 제품/서비스의 디자인에 참여하거나 피드백을 주는 등 가치 제공자의 조직과 공동으로 가치를 창출하는 것과 관련된 일이다.

가치를 넘겨주는 사람으로서의 일: 타던 자동차를 중고시장에서 팔거나 폐차를 하는 등 가치 제안 라이프 사이클의 마지막과 관련된 일들이다. 현재 수입 자동차 회사는 중고차 인증 판매제도를 시행하는 브랜드가 많고 현대자동차도 시행을 준비 중인 것으로 알고 있다. 한편 자동차 이외에도 이케아는 2020년 11월부터 중고 이케아 가구 매입 및 할인 판매 '바이백(buy–back)' 서비스를 운영하고 있고 리바이스는 같은 해 10월에 리바이스 세컨드핸드 온라인 스토어를 출범시켰다.[11] 고객의 주된 일이 아니고 보조적인 일, 그 중에서도 가치 제안 라이프 사이클의 마지막까지 기업이 담당하고 있는 사례이다.

고객 프로파일 관련 명심해야 할 것은 고객이 하고자 하는 일은 그것이 행해질 때의 특정한 맥락(Context)에 의존하므로 맥락에 의해 제약이나 제한이 따르기도 하고 다른 일이 되기도 한다. 예를 들어 고객이 전화를 하는 것도 비행 중에 하는 것과 기차 여행 중 하는 것 그리고 운전을 하면서 하는 것이냐 에 따라 제약과 제한이 다르고, 같은 영화를 보러 가도 그냥 친구와 가는 것과 사귀는 사람하고 가는 것은 고객이 하고자 하는 일이 다른 것이다. 또 고객에게 모든 일이 똑같이 중요한 것이 아니고 경중이 있으므로 얼마나 이 일이 고객에게 중요한 일인지를 알아야 한다.

② 고객이 겪는 어려움(Pains)

고객이 겪는 어려움은 고객이 하고자 하는 일을 하기 전에, 하는 동안, 그리고 한 후에 느끼는 어려운 점 또는 제대로 수행하지 못하게 하는 것 또는 잠재적으로 나쁜 결과를 가져올 수 있는 리스크를 말한다. 앞에서 분류

---

11 김경하, 이은창, 이은화, "제품 만들 때부터 '중고활용' 전략 브랜드 가치 높이고 신규 수익원 창출"『DBR』 2021년 8월 Issue1. p.51.

했던 고객의 일 하나하나마다 어떤 어려움이 있는지를 상세하게 정리해야 한다.

i) 바람직하지 않은 결과, 문제 그리고 특징들

기능적인 문제: 이 방법은 안 통한다든지, 잘 안 된다든지, 부작용이 있는 것 등을 말한다.

운전 중 차선을 바꾸는데 백미러만 가지고는 뒤에서 오는 차가 잘 안보인다. 좁은 길에서 마주 오는 차를 만났을 때 후진으로 차를 빼는 것이 너무 어렵다. 가족들과 여행 갈 때 트렁크가 좁아서 짐을 넣기가 불편하다. 야간 운전할 때 잘 안 보인다 같은 것이 기능적인 문제이다.

감정적인 문제: 매번 서비스센터에 갈 때 마다 너무 오래 기다려야 하거나 직원의 태도가 나빠서 기분이 안 좋다. 가속 페달을 밟을 때 마다 나는 소리가 마음에 안 든다.

사회적인 문제: 너무 싼 차를 타고 다니니까 사람들이 우습게 보는 것 같다. 이 나이에 스포츠카를 타면 주책없다고 하지 않을까?

부수적인 문제: 이런 사소한 문제까지 서비스 센터에 가야 하나?

고객이 좋아하지 않은 특징들: 수입 자동차의 경우 사용설명서에 나오는 한글 설명이 무슨 말인지 알기 어렵다. 제한 속도 등을 알려주는 음성이 거슬린다.

ii) 장애 요인(Obstacles)

고객이 하려는 일을 못하게 하거나 시간이 걸리게 하거나 불편하게 하는 것을 말한다.

시간의 장애: 사고 싶은데 사러 갈 시간이 없다.[12] 24시간 편의점의 등장, 그리고 온라인 쇼핑은 고객의 시간의 장애를 해결해 준 사례이다. 자동차를 렌트로 이용하게 되면 렌터카 회사에서 엔진 오일 교체 같은 주기적 서비스를 대신해 주어 고객의 시간의 장애를 해결해주고 있다.

장소의 장애: 사고 싶은데 판매점까지 가기엔 너무 멀다. 프랜차이즈의 등장과 온라인 쇼핑, 온라인 학원 그리고 유튜브를 활용한 홈 트레이닝 등 다양한 사례가 장소의 장애를 해결하였다. 수입 자동차의 딜러샵은 보통 가까운 곳에 모여 있다. 여러 메이커의 차를 둘러보고 사고 싶어하는 고객의 가치 구매자로서의 일과 관련된 장소의 장애 요인을 해결해줄 수 있다. 또 전기 자동차의 충전소가 충분히 확보되어 있지 않으면 차량의 운행이라는 고객의 기능적인 일을 하는 데 있어 장소의 장애를 유발시킨다.

성능의 장애: 각각의 소비자가 기대하는 성능 대비 실제 성능의 차이가 중요하다. 고객들은 자신이 기대한 것에 비해 그 성과가 못 미치면 이를 손실로 간주하게 되는데 손실의 단위당 가치 하락분은 동일 수준의 이익 단위당 가치 증가분보다 훨씬 크다고 인식하게 된다. 즉 기대보다 더 얻으면 조금 고마워하지만 기대보다 덜 얻으면 매우 불만족한다.

소유의 장애: 한 번 써보고 나서 판단하고 싶어 하는 소비자의 손실 회피 성향 때문에 발생한다. 중고차의 경우 특정 기간 사용해 보고 언제든지 반품할 수 있게 해주는 업체가 고객의 소유의 장애를 해결해주는 사례이다.

경험의 장애: 소비자가 가지고 있는 해당 제품/서비스의 예전의 나쁜 경험에 의한 장애이다. 반품 정책이나 무상 보증기간 연장과 같은 방법이 필요하다.

---

12 신병철, 『브랜드 인사이트』 (산림 출판사, 2003), pp.154－179.

가격의 장애: 사용하고 싶지만 제시된 가격이 고객의 예산과 맞지 않는 경우이다. 프로모션이나 포인트 제공, 할부, 리스 등의 도입은 가격의 장애를 해결하기 위한 것이다.

iii) 리스크

잘못될 수 있거나 중요한 부정적 결과가 따를 수 있는 경우를 말한다. 자동차의 경우 고장이 나면 소비자가 쉽게 고칠 수 있는 것도 아니어서 고객이 약속시간을 못 맞추게 되기도 하고 안전에도 문제가 있을 수 있는 기능적 리스크가 크고 최근의 반일 감정으로 일본 브랜드의 자동차를 타는 사람들이 겪을 수 있는 불편함 같은 사회적, 심리적 리스크도 있다.

고객이 겪는 어려움을 파악할 때는 최대한 상세하게 파악해야 한다. 만일 고객이 서비스 센터에서 오래 기다리는 것이 너무 귀찮고 시간 낭비라는 생각이 든다고 하면 오래라는 것이 몇 분을 말하는 것인지를 정확하게 파악해서 고객이 몇 분 이상은 대기하지 않게 한다는 가치 제안을 해야 하는 것이다. 또한 고객의 어려움도 경중이 있으므로 해당 어려움이 얼마나 심각한 것인지 혹은 그저 불편한 정도인지를 알아야 한다.

③ 고객이 원하는 결과와 혜택(Gains)

필수적인 결과/혜택(Required gains): 해당 제품/서비스에서 가장 기본적인 것을 말한다. 휴대폰이라면 통화가 되어야 하고 선풍기라면 시원한 바람이 나와야 하는 것 같은 그 제품의 존재의 이유 같은 기능이다. 자동차라면 어느 정도 속도가 나와야 하고 한 번 주유 시 일정 이상의 주행거리가 나와야 하는 것 등이 이에 해당한다.

당연한 결과/혜택(Expected gains): 이 정도 가격이면 이 정도 기능은 있어야지 하는 소비자가 당연히 기대하는 것을 말한다.

- 위 두 가지는 모든 제품/서비스가 갖추어야 할 유사성 요소(Points of Parity)이다.

바라는 결과/혜택(Desired gains): 고객이 기대한 것을 넘어서는 그럴 수 있으면 좋겠다는 수준을 말한다. 이미 기술/디자인/아이디어 측면에서 시장에 나와 있어 고객이 인지하고 있으며 그런 솔루션이 고객이 부담할 수 있는 비용에 사용 가능하기를 바라거나 타 제품에까지 적용이 확대되기를 바라는 요소이다. 예를 들어 비싼 자동차에만 적용되고 있는 기능이나 사양이 더 싼 자동차에서도 가능하면 좋겠다, 자동 주차 기능이 있으면 좋겠다와 같이 고도의 전문지식이 없는 일반 소비자들도 언급이 가능한 사항이다.

기대치 못했던 결과/혜택(Unexpected gains): 고객이 바라는 것을 넘어서는 혜택으로 전문적인 기술, 획기적인 아이디어에 의해 탄생하므로 고객도 그런 솔루션이 가능할 것으로 알지도 못하고 기대하지도 못하는 수준이어서 고객 조사로는 알 수 없는 내용이고 만일 시장에 나타나면 와우(wow)하는 반응을 바로 얻을 수 있다.

- 위의 두 가지 혜택은 자사의 제품/서비스와 경쟁사를 구별할 수 있는 차별화 요소(Points of Difference)이다. 즉 유사성 요소는 기본적으로 제공하면서 어떻게 차별화할 것인가를 고민해야 한다.

앞에서 설명한 4가지 혜택의 구분은 특정 시점에서 그렇게 판단할 수 있다는 것이지 영구적인 것은 물론 아니다. 예를 들어 운전자가 주행 중 기어를 변속해야 하는 불편함을 획기적으로 개선시킨 자동 변속기의 경우 처음 출시되었을 때는 초보 운전자에게 기대치 못했던 혜택이었고 운전하기 싫어하던 비고객을 고객화시키는 데 기여했지만 시간이 지나면서 바라는 혜택이 되었고 지금은 당연한 혜택 수준으로 내려왔다.

또한 지역적으로도 혜택의 구분이 다르다. 예를 들어 식당에 가 보면 호남지방은 기본으로 제공하는 밑반찬의 가짓수와 질이 다른 지역보다 훨씬 많고 좋은 경우가 대부분이다. 서울의 한정식집 수준에서의 당연한 혜택이 호남지역에선 일반 식당에서의 필수적인 혜택이 되는 것이다. 또 우리는 피자를 시키면 당연히 피클이 따라 나와야 하는 필수적인 혜택이지만 이탈리아에 가면 피클을 주지 않는 것처럼 해외 영업을 하는 사람들은 자신의 담당 국가의 사정에 맞게 새롭게 고객 프로파일을 작성해야 한다.

고객이 바라는 혜택/결과도 필수적인 것에서 있으면 좋겠다까지 간절함의 정도를 파악해야 하고 그냥 더 나은 성능이 아니고 정확하게 얼마나 더 나은 것을 원하는지를 알아야 좋은 가치 제안을 할 수 있다.

④ 고객 프로파일의 완성

앞에서 타깃 고객이 무슨 일을 하려고 하는지 그리고 그 일을 하는 과정이나 결과에서 어떤 어려움을 겪고 어떤 혜택이나 결과를 기대하는지와 그 일의 중요성, 어려움을 느끼는 정도 그리고 혜택에 대한 요구의 강도를 논의하였다. 이제 그 정보들을 모아서 아래와 같이 우선순위를 정한다. 여기서 파악한 우선순위가 제품/서비스의 가치 제안이 담을 내용의 우선순위가 되므로 철저하게 고객의 관점에서 또 피상적인 내용이 아닌 정말 고객의 마음속에 자리 잡은 것이어야 한다.

고객 프로파일을 만들 때 흔히 하는 실수들은 아래와 같다.

여러 고객 Segments를 하나의 Profile에 넣는다. 모든 각각의 고객 segment마다 가치 제안 canvas를 따로 만들어야 한다. 예를 들어 B2B 고객

13 Alex Osterwalder, Yves Pigneur, Greg Bernarda, Alan Smith, *Value Proposition Design*, (Wiley, 2014) p.21.

그림 4-3 고객 프로파일 우선순위[13]

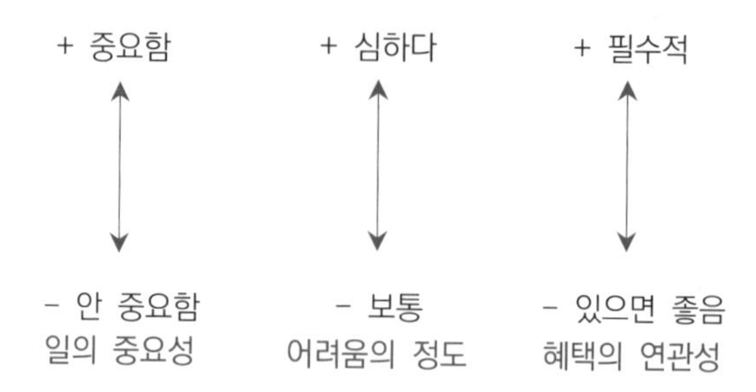

의 경우 구매 부서가 중요시하는 기능적인 일은 납기 맞추기, 저렴하게 구입, 긴 사용시간 등이고 실제 사용 부서는 업무 적합성, 사용의 편리함 등일 것이고 따라서 고객이 겪는 어려움과 기대하는 혜택/결과도 다르기 때문이다.

때로는 사회적, 감정적 일이 훨씬 더 중요할 수 있는데 고객의 기능적인 일에만 집중한다. 특히 명품이나 고가의 제품의 경우 더욱더 사회적, 감정적 일을 세분해서 정리하고 중요도의 강도를 평가해야 한다.

작성자가 이미 경험을 통해 알고 있다고 생각하는 기준에 따라 고객의 일, 어려움, 혜택을 정리하면 안 된다. 예를 들어 비즈니스 서적 출판업을 하는 사람은 고객파일을 작성하면서 단순히 기존 방식처럼 책과 관련된 것들만 나열하면 안 된다. 고객은 책을 통해서만 비즈니스 관련 지식을 습득하는 것이 아니고 선배와의 대화, 컨설턴트, 유튜브 등 여러 소스가 있고 또 심지어 정식 MBA 코스까지 선택할 수도 있다.

최대한 상세하게 고객이 하고자 하는 일, 어려움 그리고 혜택/결과에 대해 기술하여야 한다. 단순히 일 몇 가지, 어려운 점 몇 가지 정도로는 제대로 된 가치 제안을 하기 어렵고 기존 제안과 차별화할 수도 없다. 경쟁사가 또는 자사가 이전에 다 보지 못했던 실제 소비자의 입장에서 생각할 수 있는 모든 것들을 추출해 내고 세분화해서 고객이 일을 잘 했는지 잘못했는지를 측정하는 기준을 파악해야 한다. 예를 들어 차량을 운전한다를 출발을 한다, 운행을 한다, 주차를 한다로 일단 나누고 출발을 한다를 고객이 다시 차가 어디에 주차되었는지를 기억해서 차에 다가가서 키를 꺼내서 문을 열고 차에 앉아서 키를 꼽고 시동을 걸어야 출발할 수 있다와 같이 세분화하는 것이다. 앞에 서술된 것을 할 때 예전의 우리 모습과 지금의 모습은 어떻게 달라졌는가? 차를 어디 주차했는지 잊어버리는 경우가 가끔 있어서 주차장 여기 저기 둘러보았지만 지금은 키를 누르면 차에서 소리가 나게 되어 있다. 차에 다가서서는 가끔씩 이 주머니 저 주머니를 뒤져 차 키를 찾았지만 지금은 굳이 찾지 않아도 내 몸 어딘가에 있기만 하면 자동으로 잠금이 해제되어 차에 탈 수 있다. 물론 지금 드는 예시는 최근에 발전한 것은 아니지만 저런 기능을 최초로 적용한 자동차 회사는 그렇게 세분화해서 고객의 일에 따르는 어려움과 혜택을 정리했기 때문에 가능하였을 것이다.

2) 밸류 맵(Value Map) 만들기

고객 프로파일을 통해 알게 된 고객이 하려는 일과 그 일에 따르는 어려움 그리고 기대하는 혜택/결과를 논의하였으니 이제 우리 회사의 제품/서비스가 어떻게 해결해 줄 것인지에 관련된 밸류 맵을 만들어야 한다.

① 제품과 서비스

당신이 제공하는 모든 것(제품 혹은 서비스 혹은 제품과 서비스의 결합)을 모은 리스트이며 은유적으로 표현하면 고객이 당신의 상품 진열창을 통해 들여다볼 수 있는 모든 아이템이다. 제품과 서비스는 스스로는 가치를 창출할 수 없고 오직 특정한 고객 세그먼트와 그들의 일, 어려움 그리고 혜택/결과와의 관계에서만 가치를 창출한다는 점을 명심하여야 한다. 제품/서비스의 형태는 TV, 냉장고 같이 모습을 볼 수도 만질 수 있는 것도 있지만 애프터 서비스 같이 무형의 서비스도 있고 음악 다운로드같이 디지털 제품/서비스도 있고

그림 4-4 Value Map[14]

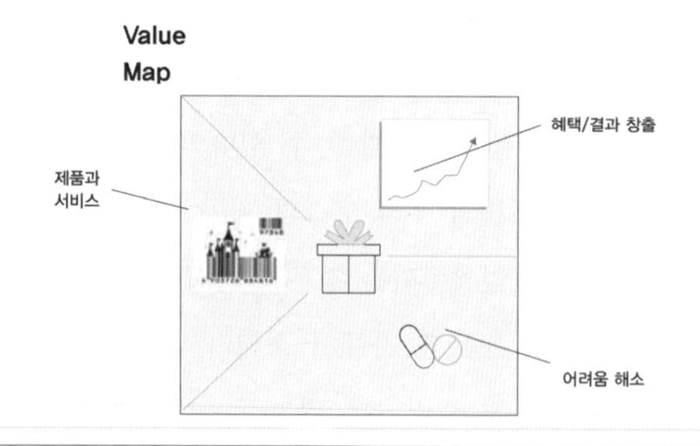

투자 펀드와 같은 금융 상품도 있다. 이런 제품/서비스는 고객에게 없어서는 안 될 것도 있지만 어떤 것은 있으면 좋은 정도여서 고객 밸류와의 관련성이 얼마나 강한가를 알아야 한다.

② 고객의 어려움 해소(Pain Relievers)

당신의 제품과 서비스가 타깃 고객이 하고자 하는 일을 수행 전, 수행 시, 수행 후 겪는 어려움이나 아예 못하게 하는 어려움을 어떻게 없애거나 줄이는지 명확하게 기술해야 한다. 그러나 고객의 프로파일에서 찾은 모든 어려움에 대한 해결책을 하나의 제품/서비스가 제시한다는 것은 현실적으로 어렵고 우리가 경쟁사 대비 잘 해결할 수 있는 중요한 몇 가지 어려움에 집중해서 그것을 가장 잘 해결할 때 훌륭한 가치 제안이 된다. 고객이 가장 어려워하는 것을 해결해주는 필수적인 것에서부터 중요도가 떨어지는 어려움을 해소해주는 있으면 좋은 것까지 관련성의 강도의 차이가 있다.

14 Alex Osterwalder, Yves Pigneur, Greg Bernarda, Alan Smith, *Value Proposition Design*, (Wiley, 2014) p.8.

③ 고객의 혜택/결과 창출(Gain Creators)

당신의 제품과 서비스가 어떻게 고객에게 혜택/결과를 창출하는지를 묘사하는 것이다. 고객이 예상하고 기대하고 또는 놀랄 만한 기능적 효용성, 사회적 혜택, 긍정적인 감정 그리고 비용 절감을 포함한 결과와 혜택을 고객 프로파일에서 파악한 모든 혜택/결과에 대해서가 아니고 고객에게 적합한 그리고 경쟁사 대비 확실한 차이를 만들 수 있는 몇 가지에 집중해야 한다. 마찬가지로 필수적인 혜택을 창출하는 것에서부터 있으면 좋은 것까지 강도의 차이가 있다.

3) 고객 프로파일과 밸류 맵의 정합성

앞서 분석한 고객의 프로파일과 자사가 제공하는 밸류 맵이 잘 들어맞을 때 매출과 이익이라는 결과로 돌아오는데 다음의 3가지 경우에는 기대했던 결과를 가져오지 못하게 된다.

① 이미 충분히 해결된 어려움이나 충분히 만족을 주는 혜택에 계속 집중

처음 제품/서비스를 기획할 때 파악했던 고객의 프로파일과 자사의 밸류 맵을 지속적으로 업데이트시키지 않고 성공의 요인에 계속 집착하는 경우이다. 예를 들어 프린터의 속도가 늦는 것이 고객이 느끼는 어려운 점이어서 프린터가 분당 출력할 수 있는 페이지의 수를 늘려서 성공을 했다고 해도 지속적으로 속도를 올려야 하는 것은 아니다. 기업은 흔히 자신들이 강점이 있는 분야에서 지속적으로 그 강점을 유지/강화시키려는 시도를 하지만 어느 순간 과잉이 되고 만다.[15] 자동차의 마력은 얼마나 더 올라가야 할까? 필요 이상의 과잉 만족을 주는 것은 결국 제품의 비용을 올리고 개발 자원의 낭비를 가져올 뿐 아니라 새로운 기회를 놓치게 되는 것이다.

---

15 Anthony W. Ulwick. *What customer want* (McGrow Hill, 2005) pp.39–59.

그림 4-5 고객 프로파일과 Value Map의 정합성[16]

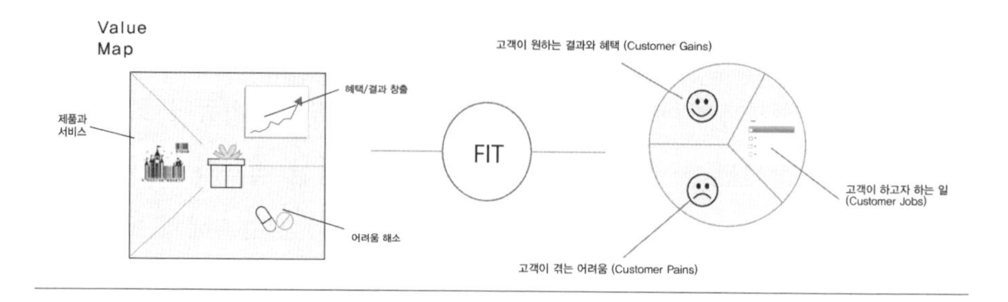

② 중요하지 않은 어려움이나 혜택에 집중

'기업이 무엇을 해야 하나'보다 '무엇을 할 수 있는가'라는 차원에서 의사 결정을 하면 고객에게 중요하지 않은 어려움이나 혜택에 집중하게 된다. 고객의 프로파일을 작성하고 밸류 맵을 만드는 과정은 상당한 시간과 노력이 들어간다. 그러나 해야 할 일을 안 하고 할 수 있는 일에 집중하면 결과적으로 기업 자원을 이중으로 낭비하는 것이다.

③ 특정 어려움의 해결이나 혜택 창출이 다른 문제를 야기하는 경우

아무리 우선순위가 높은 고객의 어려움이나 혜택을 창출하는 문제를 해결해도 고객의 다른 일을 방해하거나 낮은 순위의 어려움이나 혜택 등 여러 가지에 악영향을 미치는 경우에는 실패하게 된다. 예를 들어 현재 전기 자동차의 한 번 충전 시 주행거리 또는 충전에 소요되는 시간 같은 우선순위 높은 문제를 해결하기 위해 고객의 안전이라는 리스크 요인을 키우는 문제를 발생시킨다든지, 고객의 사회적인 일인 디자인적 요소를 해친다면 그 시도는 실패하게 될 것이다. 음식은 맛이 있어야 하지만 건강에 나쁘면 안 되고 약도 효능이 강해야 하지만 부작용이 있으면 안 되는 것과 같다.

16 Alex Osterwalder, Yves Pigneur, Greg Bernarda, Alan Smith, *Value Proposition Design*, (Wiley, 2014) pp.8–9.

3 제품 개발 사례 분석

여기에서는 실제로 시장에서 제품이 개발되어 나온 사례를 가지고 우리가 무엇을 배워야 할지를 유형별로 분석한다.

1) 경쟁사 모방

시장에서 이미 잘 팔리고 있는 경쟁사의 제품을 그대로 모방하는 것은 우리가 흔히 쓰는 방법이다. 우리도 일정 매출을 올릴 수 있고 경쟁사의 성장에 제동을 거는 효과를 볼 수 있기 때문이다.

CJ에서 내 놓은 햇반은 고객의 가장 기본적인 욕구인 먹는 것과 관련해서 고객이 겪는 어려움인 밥 짓는 데 걸리는 시간과 1인분 밥을 매번 하는 번거로움을 해결해주어 1996년 12월 출시 이후 2019년 말 이미 누적 매출 3조, 누적 판매량 30억개를 넘어선 메가 히트 상품이다. 2002년 농심, 2004년 오뚜기, 2007년 동원 F&B 등이 잇따라 모방 제품을 출시했지만 농심은 이미 시장에서 완전히 철수했고 국내 즉석밥 시장점유율은 CJ제일제당 66.9%, 오뚜기 30.7%, 동원F&B, 하림 등 기타 2.4% 순이다.[17]

결국 오뚜기 외에는 모방 제품 출시로 의미 있는 성과를 거두지 못하였는데 모방 제품은 같은 가치 제안을 하면서 가격이 더 저렴한 것을 무기로 경쟁하는 경우가 많다. 더욱이 냉동밥의 경우는 햇반이라는 브랜드가 소비자의 머릿속에 완전히 자리 잡기에 충분한 시간인 7~8년이 지나서 모방 제품이 나와 경쟁이 더 어려워진 측면이 강하다. 모방 제품을 내려면 가능한 빠른 시점에서 내든지 아니면 고객에게 주는 가치를 더해서 차별화하는 것이 방법이다. 즉 햇반의 최초 제품이 흰 쌀밥이었으므로 시장의 수요는 흰 쌀밥

---

17 김소민, "쌀값 폭락에도 즉석밥은 올라" 소비자 분통… 업계 "포장비 등 상승", 『동아일보』 2022.10.06.

그림 4-6 CJ 햇반 출시 Roadmap[18]

보다 적겠지만 잡곡밥으로 가든지 아니면 아예 국이나 카레 같이 밥과 함께 먹을 수 있는 것을 번들링해서 출시했으면 경쟁 가능성이 더 높았을 것이라는 생각이다. [그림 4-6]에서 보는 것처럼 경쟁사가 흰 쌀밥 모방 제품을 준비하는 동안 CJ 햇반은 지속적으로 가치를 더하는 방법으로 경쟁에서 앞서 나갈 수 있었다.

2) 체급 내리기

고객의 어려움을 해소하고 혜택을 증가시키는 것은 반드시 새로운 아이디어로만 가능한 것이 아니다. 필립 코틀러 교수는 마케팅 매니지먼트(1999)[19]에서 [그림 4-7]과 같이 5단계의 레벨로 나누어 설명하였다.

여기서 핵심 혜택은(Core Benefit) 고객이 드릴을 구입했지만 원하는 것은 구멍을 뚫는 것인 것처럼 실제로 구입하는 기본적인 서비스나 혜택을 말한다. 기본 제품(Basic Product)은 그것을 실제로 제품화해서 고객이 사용할 수 있는 수준까지 제공하는 제품이다. 호텔이라면 객실에 침대와 욕실, 타월 등을 갖추어 놓는 것과 같다. 기대 제품(Expected Product)은 그 가격에 당연히 기대하는 수준의 제품을 말하고 확장제품(Augmented Product)은 고객의 기대를 뛰어넘는 기능, 혜택 등을 제공하는 제품이다. 미래 제품(Potential Product)은 미래

그림 4-7 고객 만족 다이어그램

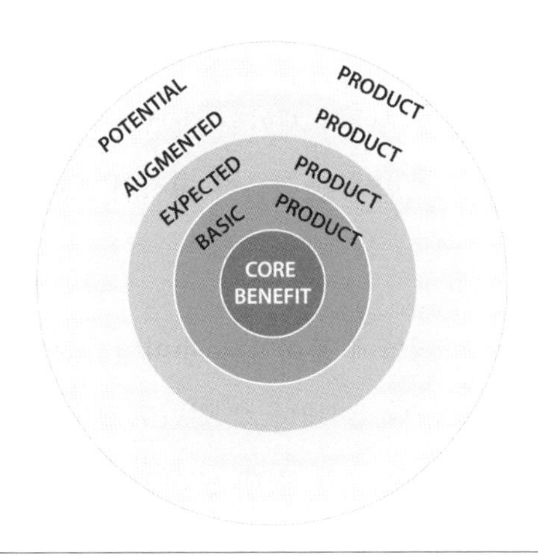

18 제일제당 홈페이지 내 햇반 브랜드, (2022.09.30), https://www.cj.co.kr/kr/brands/hetbahn
19 Philip Kotler, *Marketing Management*, (Prentice Hall, 1999) pp.394-396.

에 이 제품이 제공할 수 있는 것에 대한 상상력을 발휘해서 준비하는 수준을 말한다. 그런데 이런 제품의 단계적 구분은 특정 시점에서의 구분이고 시간이 지나고 경쟁이 치열해지면서 확장 제품 수준의 기능, 혜택이 당연히 기대하는 기대 제품 수준으로 또 시간이 지나서 기본 제품 수준으로 내려오게 된다.

자동차를 이용하는 고객의 가장 큰 리스크 중 하나는 안전에 관한 것이다. 에어백이라는 기술이 처음 자동차에 적용되었을 때는 고객의 기대를 뛰어 넘는 확장 제품이었고 고급 승용차에만 적용되었지만 시간이 지나면서는 점차적으로 필수적인 제품이 되었고 처음에는 운전석에만 적용되던 것이 조수석, 뒷자리로 확대 적용되었고 정면 에어백만 있던 것이 측면, 무릎 보호 등으로 확대되었다. 이런 현상은 자동차뿐만 아니라 다른 많은 제품에서도 쉽게 찾아볼 수 있다. 즉 이 연구에서 설명하는 바에 따르면 낮은 체급(가격대가 낮은 슬랏)으로 적용이 확대되는 것이다. 처음에 그런 솔루션을 개발하는 것은 상상력의 게임이지만 시장에서 이미 인정된 솔루션을 하향 확대 적용시키는 것은 실행력의 게임이다.

3) 합치거나, 나누거나

앞의 소비자의 이해 부분에서 제한된 정보만을 처리하고자 하는 소비자의 관심을 끌기 위해선 익숙함과 낯설음이 적절히 조화되어야 한다는 설명을 한 바 있다.

모방 제품은 ④번의 영역에 들어가는 것이어서 가격이라는 혜택을 추가적으로 주지 않으면 잘 팔리기 어렵다. 그렇다고 ③번의 영역에 해당하는 제품은 성공 확률이 거의 0에 가까운 절대 출시해선 안 되는 제품이고 ②번은 성공의 확률이 높지만 출시 이전 고객이 공감을 할지 아니면 공감하지 못해 ①이 될지 확신하기 어렵다. 상품기획의 전문가들이 아닌 영업에서 제안을 하기에는 좀 더 쉽게 할 수 있는 방법이 바로 합치거나 나누는 것이다.

표 4-2 소비자의 관심

낯설음 정도		
	① 낯설지만 공감이 없는 영역	② 낯설지만 공감대의 영역
	③ 낯설지도 않고 공감도 없는 영역	④ 공감하지만 낯설지 않은 영역
		공감대 정도

출처: 브랜드 인사이트(2003) p.115.

카메라 폰은 2000년대 초반 일본에서 최초로 출시되었다. 당시는 휴대폰에 내장된 카메라의 수준이 낮아서 요즘과 같은 성능과는 비교가 안 되었지만 휴대폰과 카메라라는 소비자에게 이미 익숙한 제품이 합쳐져 카메라 폰이라는 낯설음을 제공하면서 빅 히트를 쳤고 2000년 후반까지 내장되는 카메라의 성능이 휴대폰 시장의 주요 경쟁 요소가 되었다. 자동차를 운전하면서 내비게이션을 작동하고 음악을 듣고 히터나 에어컨을 틀고 시계를 보고 하는 것이 지금은 너무 당연한 것이지만 처음에 자동차가 출시되었을 때부터 그런 것이 아니었고 하나하나 자동차에 추가된 것이다.

2021년에 출시되어 히트를 친 LG전자의 이동형 TV, 모니터 스탠바이미 역시 기존 제품에 무빙 힐을 달아서 이동성을 높임으로써 익숙함과 낯설음의 영역에서 새로운 가치를 창출하였다. 햇반의 컵반도 서로 다른 두 제품을 합친 것이고 로제 떡볶이 같은 퓨전 음식도 우리나라 고유의 떡볶이와 이탈리아의 파스타를 합친 것이다.

나누는 것 또한 낯설지만 공감할 수 있는 영역을 창출할 수 있다. 지나가다가 신문 가판대를 보면 종합 일간지부터 경제신문, 스포츠 신문 등 다양한 신문의 종류를 볼 수 있고 네이버에서 뉴스를 검색해도 수많은 신문의 이름이 나온다. 지금은 너무 당연하게 여겨지지만 예전엔 신문에 종합 일간지

그림 4-8 LG전자 이동형 TV 스탠바이미[20]

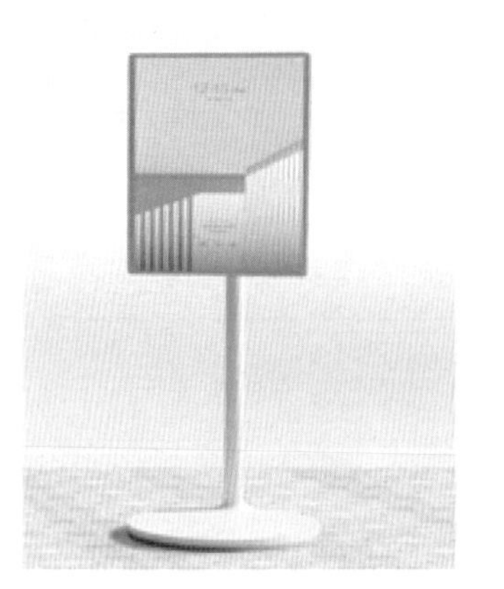

만 있었다. 아주 옛날에는 신문이란 것 자체가 생소했겠지만 시간이 지나면서 우리 생활에 없어서는 안 될 정보 제공원이 되었고 신문은 경제면, 스포츠면, 사회면 등 여러 섹션으로 구성되었는데 여기서 경제면만 나누어서 나온 신문이 매일경제, 한국경제 같은 경제 신문이고 스포츠면만 나누어서 나온 것이 일간스포츠, 스포츠경향 같은 스포츠 신문이다. 전자신문은 경제 신문을 한 번 더 나누어서 경제 신문의 전기/전자 관련 뉴스를 전문으로 취급하고 일간자동차 같이 자동차 관련 뉴스를 주로 다루는 신문사도 생겨났다. 커피도 팔고 도넛도 팔고 샌드위치도 팔고 음료수도 파는 동네 잡화점에서 도넛 전문점, 샌드위치 전문점, 커피 전문점 등이 나뉘어서 자리를 잡았고 모든 제품을 다 판다는 백화점에서 전자 제품만을 나누어 나와 판매하는 베스트바이나 하이마트도 있고 집에서 사용하는 제품들을 전문으로 취급하는 홈디포, 사무실 용품을 파는 오피스디포도 있다. 출범 당시에는 익숙하지만 그것만 전문으로 판다는 낯 설음이 전문점으로서의 신뢰라는 공감대를 형성하였던 것이다. 온라인 유통이 활성화되면서 중고 제품 전문 사이트, 명품 전문 사이트 같이 특화된 서비스로 분화되는 것도 같은 예이다.

일본의 편의점 로손100은 지난해 6월 코로나19 유행 속에서 간편하고

그림 4-9 비엔나소시지 도시락

저렴한 도시락을 찾는 사람들이 늘어나자 밥과 비엔나소시지만 담은 1탄 '비엔나소시지 도시락' [그림 4-9]를 출시했다.[21] 편의점 도시락을 즐겨 먹는 젊은 층들이 소셜미디어(SNS)에 "싸고 맛있다", "컵라면·샐러드 등과 함께 먹어도 500엔(약 5천원)이 안 든다" 등의 호평을 올리면서 순식간에 120만여 개가 팔려 나갔다. 곧이어 '미트볼 도시락'이 나왔고, 3탄 '어묵튀김 도시락', 4탄 '생선가스 도시락' 등이 연이어 출시돼 총 225만개가 판매됐다. 성공에 힘입어 지난 22일에는 5탄인 '치킨너겟 도시락'이 나와 화제를 모으고 있다. 밥에 여러 반찬을 담고 국과 함께 제공되던 도시락을 반찬 1개로 줄여서 출시한 것이다. 이 제품 역시 간단하지만 기존 제품을 나누어서 출시하여 도시락이라는 익숙함과 반찬이 하나밖에 없다는 낯설음을 제공하면서 '저렴한 가격이니까'라는 공감대가 형성된 것이다.

20 LG 전자 홈페이지 내 LG 스탠바이미(2022.10.04), https://www.lge.co.kr/tvs/27art10akpl
21 이영희, "반찬 딱 하나 담았더니 대박났다… 日 뒤집은 '2000원 도시락'?", 『중앙일보』 2022.08.31, https://www.joongang.co.kr/article/25098350

Chapter 04 Epilogue ••• 직장 상사와 소비자

회사에는 나를 평가해서 인사고과에 반영하는 상사가 있고 오너가 아닌 이상 직급이 아무리 높아도 피해갈 수는 없다. 아마 대부분의 직장인들은 자기의 역량이나 기여도에 비해 평가가 낮다고 생각할 것이다.

직장 상사는 여러분들의 능력을 '소비'하는 소비자이다. 이번 장에서 필자는 소비자가 옳은지 그른지의 차원에서 접근하지 말고 그저 소비자의 선택을 존중하고 왜 그런 선택을 했는지를 분석하고 앞으로는 어떤 선택을 할 것인지를 예측해서 대처해야 한다고 강조한 바 있다.

이 말은 직장 생활에도 그대로 적용할 수 있다(필자가 말하고자 하는 것은 아부를 하라거나 소위 말하는 상사의 갑질에도 순응하라는 것이 아니니 오해 없기 바란다).

직장 상사의 평가 기준과 방법이 맞고 틀리다는 접근 방식은 제품은 좋은데 소비자가 몰라준다는 것과 다르지 않다. 좋은 제품이 잘 팔리는 것이 아니고 잘 팔리는 제품이 좋은 제품인 것이다.

직장 상사가 고객이라는 생각을 하고 고객에 대한 이해를 해야 한다. 즉 여러분들이 무엇을 해 주고 어떤 결과를 가져오기를 기대하고 있으며 여러분들이 한 일이 잘 한 것인지 못 한 것인지를 판단하는 기준이 무엇인지 그리고 현재 상사가 부하 직원들에게 느끼는 어려운 점이 무엇인지를 알아야하고 그런 이해를 바탕으로 여러분만의 가치제안을 해야 한다. 영업에서 경쟁사가 있는 것 처럼 직장 생활에서도 경쟁자가 있기 마련이고 영업에서 차별적인 가치제안을 하고 실행하지 못하면 가격경쟁을 피할 수 없는 것처럼 회사에서도 상사의 프로파일에 맞는 가치제안을 하지 못하면 본질이 아닌 지엽적인 경쟁을 하여야 한다. 내가 판매하는 제품의 브랜드가 중요한 것처럼 회사에서는 내 이름 석 자가 바로 브랜드이다. 여러분이 만일 특정 브랜드를 론칭한다고 하면 타깃 고객에 맞는 가치제안을 하고 초기에는 비보조인지도가 얼마나 되는지 그 후엔 인지도가 얼마나 되는지 선호도가 얼마나 되는지 소비자들이 실제로 얼마나 구매하는지 그리고 구매 후 만족도와 재구매율이 어떻게 되는지 모니터링할 것이다. 여러분이 회사에서 자신의 이름 석 자 브랜드를 론칭하고 관리하는 것도 이와 다르지 않다. 자기 자신이라는 브랜드도 관리 못하면서 회사의 브랜드를 잘 관리하기는 어렵다. 경영이론은 영업현장에도 적용할 수 있듯이 자신에게도 적용해서 자신만의 성공전략을 수립하는 것에도 적용할 수 있다.

Chapter

05

결론: 영업 전략의 수립 및 실행

1. 목표의 의미 파악

2. 현상에 대한 이해 및 원인 파악

3. 전략의 수립 및 실행

4. 목표 달성 과정에서 CEO의 역할

Chapter

05

결론: 영업 전략의 수립 및 실행

1장에서 올림픽 금메달을 10개 더 획득하기 위한 분석적 접근을 논의해 본 것처럼 이번에는 2, 3, 4장에서 논의한 영업의 성과를 좌우하는 3가지 요소인 자사, 거래선 그리고 소비자에 대한 이해를 바탕으로 영업 전략을 수립하고 실행하는 방법에 대해 알아보는 것으로 본서를 마무리하고자 한다.

만일 내가 영업 책임자로 새로 선임되었는데 CEO로부터 3년 내에 매출을 두 배로 늘리라는 지시를 받았다고 하면 어떻게 하겠는가? 또는 거래선 A를 담당하는 영업 담당자인데 영업 책임자로부터 해당 거래선의 매출을 3년 내 두 배로 늘리라는 지시를 받았다고 하면 어떻게 하겠는가? 방법은 같고 다만 분석의 범위가 넓으냐 좁으냐의 차이만 있다.

제일 먼저 해야 할 일은 내게 주어진 목표가 어떤 것인지를 정확하게 파악하는 것이다. 신생 기업이 매출을 두 배로 키우는 것과 이미 시장에서 1등을 하고 있는 기업의 경우는 완전히 다른 차원이기 때문이다. 다음으로 목표 대비 자사의 현 위치를 파악하고 왜 현재 위치에 있는지를 분석해서 어디로 갈 것인가와 어떻게 갈 것인지를 설정하는 것이 전략의 수립이다. 마지막으로 설정된 목표를 향해 제대로 가고 있는 것인지를 파악할 핵심 성과지표

(KPI: Key Performance Indicator)를 사전에 설정하고 지속적으로 점검해서 필요할 때 방법과 시기를 수정해 나가는 것이 실행의 과정이다.

1 목표의 의미 파악

우선 자사의 현재 매출액이 얼마이니 두 배면 얼마를 해야 한다는 접근보다 시장점유율과 최근 3~5년간의 트렌드를 보는 것에서 시작을 한다. 만일 현재 매출액이 100억이고 시장점유율이 2%이며 최근 트렌드가 상승하는 추세에서 200억 매출로 키우는 것과, 매출액이 10억이고 시장점유율은 20%에 하락하는 트렌드인 경우 20억 매출하는 것을 비교하면, 상대적으로 전자가 달성 가능성이 더 높다고 할 수 있다. 시장의 크기가 정체 또는 줄어드는 트렌드이고 자사의 시장점유율이 높다면 현재 시장에서만 매출액을 키우는 것은 한계가 있을 수밖에 없어 4장에서 언급했던 아래의 Ansoff 모델처럼 ①의 방법만으로는 어렵고 ②, ③, ④의 제품 개발 전략, 시장개발 전략, 다각화 전략이 필요하다.

표 5-1 제품/시장 매트릭스

	기존 제품	신규 제품
기존 시장	① 시장 침투 전략 - 판매노력, 사용량 증대 새로운 용도 개발 기존 제품×기존 시장	② 제품 개발 전략 - 혁신적인 제품, 모방적 신제품 개량적 신제품 신규 제품×기존 시장
신규 시장	③ 시장 개발 전략 - 새로운 사용자, 새로운 지역 기존 제품×신규 시장	④ 다각화 전략 - 신규 사업, 신제품 신규 제품×신규 시장

2 현상에 대한 이해 및 원인 파악

현재 자사의 위치가 매출액 100억, 영업이익률 5%, 시장점유율은 10%이고 시장은 정체된 상황이라고 가정한다. 2장에서 소개했던 오마에 켄이치의 누출 분석(leakage analysis) 모델을 적용해 보면 자사의 시장점유율이 10%니까 90%는 어디론가 누출되고 있는 것이고 [그림 5-1]처럼 경쟁도 못하고 잃고 있는 시장도 있고(A) 경쟁은 했지만 지고 있는 부분이 있으니(B) A가 어디서 왜 발생했는지를 파악하고 B에서 승인과 패인을 분석하는 것이 이번 단계에서 해야 할 일이다.

그림 5-1 누출 분석

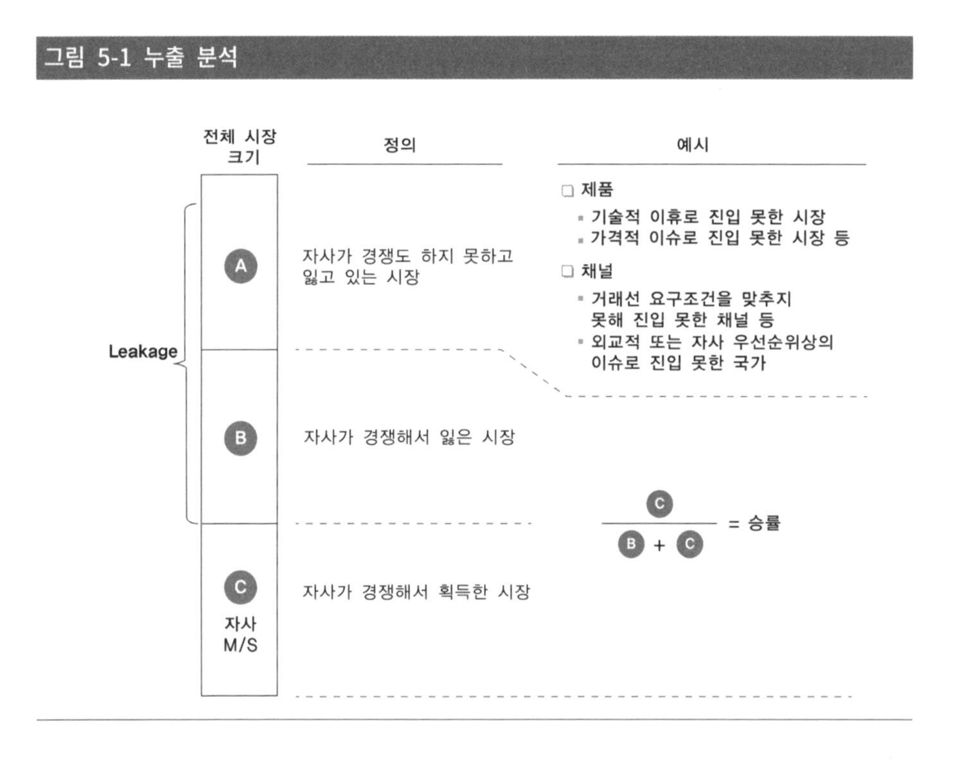

1) 경쟁도 못하고 잃고 있는 시장의 크기 및 원인 파악

① 제품이 없어서 경쟁 못하는 시장

자사가 샴푸를 제조하는 회사라고 가정한다. 국내 샴푸 시장은 2021년 기준 6,307억원 규모였고 그 중 탈모 및 두피 관리 샴푸의 비중이 48%에 달한다.[1] 만일 자사가 일반 샴푸만 판매하고 탈모 및 두피 관리 샴푸 제품이 없다면 무려 48%의 시장을 경쟁도 못하고 잃고 있는 것이고 라면을 제조 판매하는 회사인데 봉지 라면만 있고 컵 라면은 없다면 40.7%의 시장을 그냥 잃어버리고 있는 것이다.[2] 이 정도까지 큰 규모의 시장을 제품 없이 대응하는 회사는 현실적으로는 없겠지만 실제로 어느 정도 크기의 시장은 제품이 없어 놓치고 있는 경우가 많으므로 시장 전체를 제품군별로 세분화해서 점검하는 것이 필요하다.

또 특정 가격대에 제품이 없는 경우도 있다. 2장에서 수입 자동차를 가지고 국내 시장 전체에 대해 슬랏 분석을 한 바 있다. BMW는 4천만원 이하 가격대와 3억원 이상 가격대에는 제품이 없고 (4천만원 가격대에는 MINI로 대응) 롤스로이스는 가장 싼 차가 4억 7천만원 정도이다.

이제 왜 자사가 그 제품(군)을 출시하지 않고 있는지에 대한 원인 파악을 해야 한다. 기술력이 없어서인지, 그 제품을 만들어 팔면 이익이 안 나서인지, 시장의 크기가 커질지 몰라 개발을 안 했는데 나중에 후발 주자로 들어가려니 이미 늦었다고 판단한 것인지, 특정 가격대에 들어가기에는 자사의 브랜드 파워가 떨어진다든지 등 원인에 대한 파악이 되어야 전략을 수립할

---

1 유선희, “내 머리는 소중한 것이여~’…탈모방지·새치커버 ‘기능성 샴푸 전쟁” 『한겨레 신문』 2022.10.17.

2 신재희, “전국 라면 인기 지도 보니, 농심 신라면 경남 제외 모든 지역 1위…” 『비즈니스포스트』 2022.10.27.

수 있다. 이 과정에서는 영업팀만이 아니고 제품 기획 부서/개발부서와 공동으로 작업을 하는 것이 추후 전략 수립 및 실행 과정에서 전사적인 얼라인먼트를 위해 필수적이다.

② 미 진입 유통에 의해 경쟁 못하는 시장

특정 제품군이 없어서 시장을 놓치고 있는 경우도 있지만 진입하지 못한 유통 채널에 의해 경쟁 기회를 잃어버리는 경우도 많다. 분석의 대상이 글로벌 전체라면 특정 국가에 진입하지 못하거나 안 해서 잃고 있는 시장의 크기를 구해야 하고 특정 국가 내에서는 진입하지 못한 유통으로 잃고 있는 시장의 크기를 구해야 한다.

[그림 5−2]는 국내 가정 간편식(HMR) 시장의 오프라인 유통 비중 변화 추이를 나타낸 것이다.[3] 만일 자사가 다른 유통에는 진입했는데 편의점에는

그림 5-2 유통 채널별 HMR 판매액 비중 추이

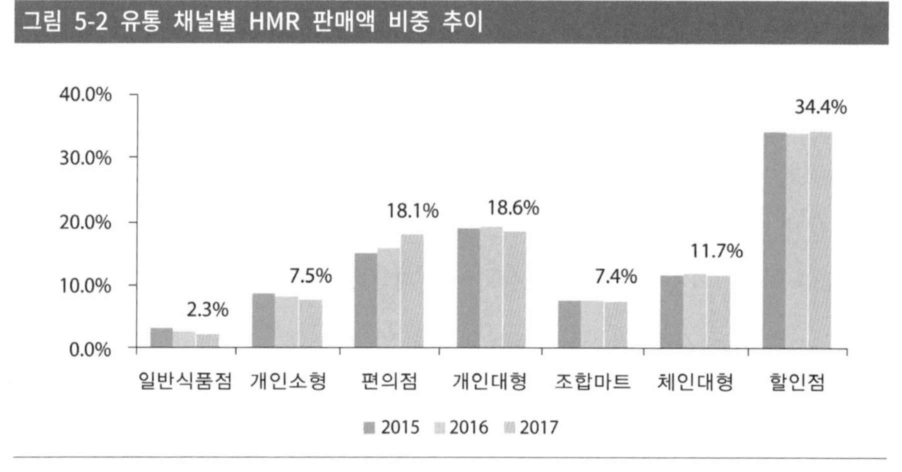

* HMR: Home Meal Replacement

* 라면을 포함한 HMR 판매액 전체 중 비중을 산출한 것이며, 편의점에서 판매되는 도시락, 삼각김밥은 제외된 수치임

3 김상호, 허성윤, "가정간편식(HMR) 시장 트렌드 – 흰밥, 볶음밥, 국 제품이 성장을 주도!" 『한국 농촌경제 연구원』(2018) pp.1−46.

진입하지 않았다면 시장의 18.1%가 경쟁도 못하고 잃고 있는 부분이 되는 것이고 편의점 중 예를 들어 GS25에만 입점하지 않았다면 편의점에서 GS25가 차지하는 점유율만큼이 경쟁도 못하고 잃고 있는 시장의 크기가 되는 것이다.

여기서도 마찬가지로 왜 미진입 유통이 있는지에 대한 원인 파악이 필요하다. 위의 여러 유통 채널 중 통상적으로 일반 식품점이나 개인 소형 점포의 경우는 수익성이 좋지만 매출은 작다. 편의점, 체인 대형, 할인점의 수익성은 높은 마진을 요구하기 때문에 수익성은 상대적으로 좋지 않지만 매출이 크다는 특성이 있다. 따라서 수익성의 이슈로 진입을 못한 채널이 있을 수 있고 매출이 작아서 포기한 채널이 있을 수 있다. 또는 과거에 분쟁이 있어 거래를 중단한 채널도 있을 수 있고 자사 제품의 품질이나 브랜드가 거래선의 기준에 못 미쳐서 진입하지 못한 채널도 있을 수 있으니 미진입 유통 채널 하나하나에 대해 이유를 파악하는 것이 중요하다.

③ 특정 유통의 슬랏에 제품이 없어서 경쟁 못하는 시장

이미 출시한 제품이고 또 진입한 유통이라 하더라도 거래선의 슬랏별로 세분해서 분석해 보면 경쟁도 못하고 잃고 있는 시장이 있다. 2장에서 [표 5-2]와 같이 거래선별로 슬랏 분석을 한 바 있다. 거래선 1에서는 16%의 시장을 그리고 거래선 2에서는 60%의 시장을 슬랏 대응을 못해서 잃고 있는 것이다.

비어 있는 슬랏이 위의 ①에서처럼 제품이 없어서일 수도 있고 영업에서 슬랏별 관리를 하지 않아서 의도치 않게 비워 놓았을 수도 있고 특정 슬랏에서 거래선이 다른 경쟁사 제품만 가지고 운영을 해서 그럴 수도 있다. 마찬가지로 비어 있는 슬랏 하나하나를 놓고 원인을 파악해야 한다.

①, ②, ③의 과정을 거쳐서 우리가 경쟁도 못하고 잃고 있는 시장의 전

체 크기를 계산한다. 만일 우리가 의도했던 의도치 않았던 비워 놓은 시장의 크기가 50%라고 한다면 현재 자사의 시장점유율 10%는 승률의 개념으로는 20%가 되는 것이고 만일 자사가 비워 놓은 시장을 전부 커버할 수 있다면 단순 계산으로는 시장점유율 20%, 즉 현재 매출의 두 배가 달성 가능한 것이 된다.

2) 경쟁하고 있는 시장에서의 승인과 패인 분석

거래선별 슬랏 분석을 한 [표 5-2]를 보면 거래선 1에서는 4,000달러 이상 가격대에서 60인치 TV의 경우는 자사가 20%, 경쟁사가 67%로 크게 지

표 5-2 Slot 비교 (거래선 1 vs. 거래선 2)

실판가 (비중) USD	거래선 1 (25%)					실판가 (비중) USD	거래선 2 (30%)			
	42" (11%)	47" (25%)	50/55" (4%)	60" (29%)	75"↑ (30%)		42" (60%)	47" (24%)	50/55" (9%)	60"↑ (7%)
4,000↑ (22%)				✔5→3 자사 20/1 경쟁사 67/3	14→19 자사 35/2 경쟁사 40/3	4,000↑ (0%)				
3,999 ~3,000 (9%)				5→2 자사 100/1 경쟁사 -	4→7 자사 - 경쟁사100/4	3,999 ~3,000 (0%)				
2,999 ~2,000 (8%)			2→1.1 자사 25/1 경쟁사 75/2	6→3 자사 - 경쟁사100/4	4→4 자사 70/2 경쟁사 15/2	2,999 ~2,000 (0%)				
1,999 ~1,500 (25%)			4→3.8 자사 11/2 경쟁사 89/1	10→21 자사 52/1 경쟁사 33/1		1,999 ~1,500 (0%)				
1,499 ~1,000 (21%)		17→21 자사 63/2 경쟁사 27/2				1,499 ~1,000 (11%)			2→4 자사 25/1 경쟁사 75/1	1→7 자사 75/2 경쟁사 20/1
999 ~800 (9%)	6→7 자사 42/1 경쟁사 52/2	6→2 자사 21/1 경쟁사 62/2				999 ~800 (15%)		9→10 자사 80/2 경쟁사 20/3	8→5 자사 25/1 경쟁사 55/1	
799 ~600 (4%)	9→2 자사 - 경쟁사100/4	1→2 자사 - 경쟁사100/1				799 ~600 (14%)		17→14 자사 40/1 경쟁사 30/1		
600↓ (2%)	3→2 자사 - 경쟁사 60/1					600↓ (60%)	42→60 자사 - 경쟁사 77/2			

거래선 1 슬랏 커버리지 : 84%　　　　거래선 2 슬랏 커버리지 : 40%

고 있지만 75인치 이상 TV에서는 35%, 40%로 접전이고 1,000달러에서 1,499달러의 47인치 TV시장에서는 63%로 경쟁사의 27%를 크게 앞서고 있다. 왜 크기만 다른 같은 브랜드의 제품이 같은 거래선에서 슬랏별로 승률에서 크게 차이가 나는지를 정확하게 파악하여야 승률 개선을 위한 전략 수립이 가능하다.

① 제품에서 원인 찾기

회사에서는 흔히들 제품이 잘 팔리면 영업에서는 영업이 잘해서 제품 기획/개발 부서는 제품이 좋아서라고 하고, 안 팔리면 영업에서는 제품이 나빠서 제품 기획/개발 부서는 영업이 못해서라고 하는 경우가 많다. 사람들은 누구나 자기 고양의 욕구가 있어서 충분히 그럴 수는 있지만 이렇게 해서는 해결책이 나올 수 없다. 영업과 제품 기획/개발 부서의 객관적인 시각을 가진 사람들로 팀을 구성해서 같이 머리를 맞대고 풀어야 한다.

우선은 소비자의 시각에서 보아야 한다. 자사와 경쟁 제품을 슬랏별로 따로따로 표를 만들고 소비자 인터뷰, 현장 판매사원 인터뷰 등을 통해 원인을 찾아보고 제품과 관련된 후기들을 항목별로 정리해서 점검하는 작업이 필요하다. 최근에는 디지털 기술의 발전으로 소셜 리스닝(Social listening)이라는 방법을 통해 소비자들이 SNS에서 특정 제품에 대해 좋다고 하는 점, 나쁘다고 하는 점들을 가감 없이 언급한 것을 수천 개 이상 끌어와서 분석하는 것이 가능하다. 이런 과정을 거쳐 파악된 자사 제품의 개선점을 중요도와 난이도라는 축으로 표를 만들어서 전략 수립 과정에서 선택할 수 있도록 사전 작업을 한다.

② 영업에서 원인 찾기

영업적인 원인은 유통 거래선 전반적인 원인과 거래선 각 매장별 원인으로 나누어 분석하여야 한다.

- **유통 거래선 전반적인 원인**

통상적으로 가장 큰 요인은 가격 프로모션이다. 자사와 경쟁사의 프로모션 시기와 횟수 그리고 투입한 금액에 대한 기록이 되어 있어야 분석이 가능하다. 예를 들어 평소에는 자사는 3만원, 경쟁사는 3만 2천원으로 가격에서 2천원의 차이가 있었지만 경쟁사에서 3,000원을 투입해서 실제 소비자 가격을 자사 대비 더 낮추었고 그렇게 되었을 때 판매량이 평소보다 어떤 차이가 있었는지, 마찬가지로 자사가 얼마를 투입했을 때 판매량의 증감이 어떠했는지를 정확하게 기록을 해야 원인 분석도 가능하지만 추후 판매 촉진비 투입 전략을 효과적으로 수립할 수 있다.

또 실제 소비자 가격에는 반영이 안 되지만 유통 거래선과의 협업으로 비용을 부담하고 여러 판매 촉진 활동을 할 수 있다. 매장 입구에 자사 제품을 집중 전시해서 대표 상품의 이미지를 심어준다든지 대형 배너를 설치한다든지 같은 방법이다. 또 거래선마다 차이는 있지만 '이 달의 상품'과 같은 프로그램이 있어서 판매점마다 목표를 할당하는 방식으로 판매를 늘리는 경우도 있다. 마찬가지로 자사/경쟁사 활동에 대한 기록이 작성/유지되어야 한다.

제품을 만들어 파는 회사에 판매 목표가 있듯이 물건을 파는 유통도 판매 목표가 있다. 월간 판매 목표에 따라 월간 구매 예산이 책정되고 이 예산 범위를 벗어나서 구매할 수는 없다. 즉 예산이 소진되기 전에 제품을 공급해야 판매 현장에서 물건을 팔 수가 있다. 특히 미국의 블랙 프라이 데이, 멕시코의 부엔 핀, 중국의 쌍십일절 같은 절기에는 거래선 창고 스페이스 문제까지 겹치기 때문에 공급 문제로 인해 승률이 좌우되는 경우도 자주 발생한다.

- **거래선 각 매장별 원인**

본 연구자가 소개한 슬랏 분석은 거래선 전체를 대상으로도 하지만 매장별 분석 또한 반드시 필요하다. 매장별로 보면 거래선 전체의 슬랏크기와 다르고 또 슬랏별 승률도 전혀 다른 모습을 보이는 것을 자주 확인할 수 있다. 따라서 매장별로 슬랏의 크기에 맞게 자사 제품의 디스플레이가 달라야 한다. 즉 거래선 전체적으로는 대형에 고가 제품이 많이 팔리지만 특정 지역의 매장은 중형에 중가 제품이 많이 팔린다고 하면 잘 팔리는 제품 위주로 전시가 되어야 한다. [그림 5-3]은 거래선 매장별로 매장의 매출, 자사의 매출, 자사의 점유율을 구분해서 그린 것이다. 같은 거래선 내에서 자사의 점유율이 차이가 나는 것은 매장별 슬랏이 다르고 자사의 승률이 다르기 때문이다.

또 하나 매장별 승률 차이가 나는 원인 중 하나는 현장 판매사원의 역량이다. 현장 판매사원의 교육 및 평가, 수당 지급 기준 등을 제대로 설정하는 것은 전반적인 영업력에 영향을 미치지만 매장별 현장 판매사원의 역량과 태도를 경쟁사와 비교/평가하는 것은 영업사원이 발로 뛰면서 점검하고 교육해야 하는 중요 항목이다.

그림 5-3 자사의 매장별 매출액

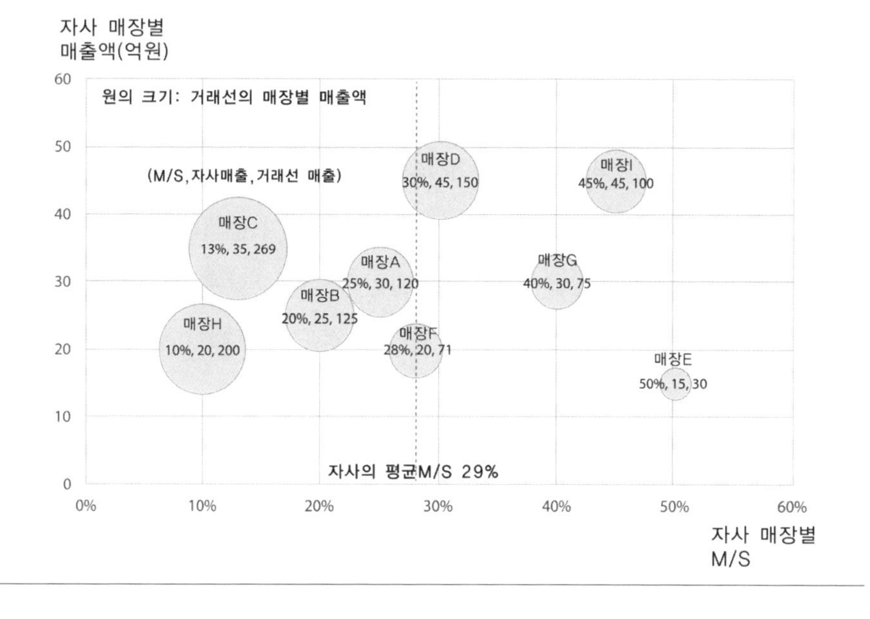

유통 거래선마다 제조사의 제품을 전시/판매하는 방법이 다르다. 어떤 유통은 제조사별로 매장을 구분하는 경우도 있고 어떤 유통은 제품 카테고리별로 여러 제조사 제품을 한 번에 전시 판매하는 경우도 있다. 앞의 경우는 자사 매장의 위치와 크기가 경쟁사 대비 어떤 지를 비교해서 분석해야 하고 뒤의 경우는 전시된 제품 중 자사 제품의 비율이 어떤지를 체크해야 한다.

3 전략의 수립 및 실행

이 과정은 자원 투입의 규모와 우선순위를 결정해야 하므로 반드시 회사의 CEO와 관련 임원진이 모여서 논의하고 의사결정을 해야 한다.

1) 경쟁도 못 하고 잃고 있는 시장의 크기 줄이기

① 제품에 의해서 발생한 무경쟁 누출 시장

우선 특정 가격대에 제품이 없는 이유는 두 가지가 일반적이다. 일정 가격대 이하의 경우는 제품을 출시하면 이익이 안 나서 포기했든지 아니면 자사의 브랜드/사회적 지위를 내세우는 가치 제안과 맞지 않아서 외면했기 때문이다. 이익이 안 나서 포기한 경우 그 가격대에 제품을 출시했을 때 늘어나는 매출에 따른 고정비 분산효과와 추가 자원 투입에 따른 비용 증가를 다시 한 번 따져서 결정을 해야 한다. 이때 늘어나는 매출액의 예상은 그 가격대 시장 크기 × 자사의 평균 승률이다. 일반적으로는 낮은 가격대에 새로 진입할 때는 평균 승률보다 승률이 올라간다는 점도 참고해야 한다. 가치 제안과 맞지 않아 포기한 경우는 BMW가 MINI를 인수하여 3~4천만원대에 작지만 고급스러운 차로서 성공한 것은 참조할 만하다. 소득이 상대적으로 낮을 때 또는 세컨드 카로서의 경험을 바탕으로 모 브랜드의 잠재 고객을 늘려 나가는 효과도 기대할 수 있기 때문이다.

특정 가격대 이상에 제품이 없는 경우는 그 가격대의 제품이 요구하는 특징을 구현할 수 있는 기술력이 없거나 브랜드 파워가 부족하거나 아니면 기존 브랜드의 매출이 아주 많아 아주 높은 가격대에서 요구되는 희소성을 맞추어 줄 수 없어서 발생하고 단기적으로 해결할 수 있는 과제는 아니다. 벤츠는 2002년 최고급 럭셔리 브랜드 마이바흐를 재탄생시켰으나 기대했던 성과를 내지 못하고 지금은 AMG처럼 서브 브랜드가 되었을 만큼 초프리미엄을 지향하는 새로운 브랜드 출시는 어려운 일이다.

특정 슬랏에 제품이 없는 경우는 시장을 체급이라는 개념을 가지고 세분화하지 못해서 발생한다. 통상적으로 베이스가 되는 제품을 개발해서 거기에 어떤 기능/사양을 더하거나 빼고 디자인적으로 고급화하거나 대중화할 수 있는 재질을 사용하는 등의 방법으로 배리에이션(Variation) 모델들을 만드는데 어떤 슬랏을 기준으로 베이스 모델을 만들고 그 배리에이션 모델들로 어떤 슬랏까지를 커버할 것인가에 대한 사전 준비 과정을 제대로 하면 상당 부분 해소할 수 있다. 비어 있는 슬랏에 새로 제품을 운영할 경우 기대되는 매출은 슬랏 크기 × 자사의 평균 승률이고 낮은 가격대 슬랏에 새로 진입할 때는 평균 승률보다 높은 승률을 감안하고 높은 가격대 슬랏에는 평균 대비 낮은 승률을 적용할 수 있다.

② 유통 채널에 의해 발생한 무경쟁 누출 시장

자사가 진입하지 못한 유통 채널의 존재는 보통 두 가지 이유에서 발생한다. 하나는 우리는 거래를 하고 싶지만 거래선에서 받아주지 않는 경우이다. 예를 들어 미국의 코스트코 같은 거래선은 제품(군)별로 제한된 브랜드만 운영해서 물량을 확보해주는 대신 낮은 공급가를 요구한다. 또 휴대폰과 같은 경우도 통신 사업자가 직접 구매하는 브랜드는 오픈 시장에 비해 훨씬 적다. 하지만 코스트코 같은 유형의 거래선이나 통신 사업자들의 경우 일단 진입하게 되면 매출 확보가 용이하고 수익성도 좋은 편이어서 제조사 입장에서는 반드시 개척해야 한다. 이런 거래선에 진입하기 위해선 다른 유통에서 실적을 내서 소비자들이 해당 유통에서 찾게 만드는 것이 궁극적인 해결책이지만 3장 거래선에 대한 이해 부분에서 설명한 것처럼 해당 유통의 5가지 세력 분석, 비즈니스 모델 분석, 전략의 차이 분석을 통해 다른 제조사가 해결해주지 못하는 어려운 점(pain points)에 대한 솔루션을 어떻게 제공해줄 수 있을까의 관점에서 진입 전략을 수립해야 한다.

두 번째는 거래선이 요구하는 마진이나 다른 거래 조건이 너무 많아 자사가 이익을 낼 수 없어서 포기한 경우이다. 만일 해당 거래선의 크기가 무시해도 될 만큼 작다면 모르겠으나 그렇지 않다면 완전히 비워 놓는 것보다 조금이라도 팔 수 있는 방안을 찾아야 한다. 슬랏 분석을 통해 거래선이 요구하는 고마진을 감당할 수 있는 자사의 제품들만으로 우선 제한적으로 거래를 시작하고 어느 정도 자리를 잡고 나면 마진율의 조정 협상(일정 가격대 이상 제품에는 몇 % 주는 대신 일정 가격대 이하는 몇 %로 낮추어 마진의 총액을 맞추는 방식 등)을 통해 매출과 이익을 확보할 수 있는 방향으로 운영하는 것이 바람직하다.

2) 승률 올리기

① 제품을 통한 승률 올리기

4장 소비자에 대한 이해 부분에서 언급했던 모방, 체급 내리기 그리고 나누거나 합치기의 사례에다 익숙함과 낯설음의 조화로 공감을 얻는 방법을 더해서 생각한다. 현재 잘 팔리는 제품을 그대로 모방하면 그 제품의 가격보다 낮아야 하고 승률 또한 낮을 것이다(다만 경쟁사의 매출을 견제하는 효과는 있다). 경쟁사 제품에 소비자가 공감할 수 있는 어떤 가치를 더할 것인가를 고민해야 한다.

앞의 슬랏 분석에서 예를 들었던 [표 5-2]를 보면 75인치 이상 크기의

TV는 모두 2,000달러 이상이고 60인치 TV는 1,500~1,999달러 슬랏에 있다. 75인치 TV를 1,500~1,999 슬랏에 출시하고 60인치 TV를 1,000~1,499달러 슬랏에 출시하는 것이 체급 내리기이다. TV의 디스플레이 크기나 냉장고의 냉장 용량이나 세탁기의 세탁 용량이나 모두 시간이 지나면 인치당 가격, 리터당 가격, kg당 가격이 내려가기 마련이다. 누가 먼저 가격 경쟁력을 확보해서 누가 먼저 움직이느냐의 싸움이지 상상력이 필요한 게임이 아니다.

상상력이 필요한 것은 나누거나 합쳐서 소비자들의 공감을 얻어 내는 제품 개발이다. 앞에서 예를 들었던 LG전자의 스탠바이미와 같이 기존 제품에 무빙 힐을 달아서 "이동성"이라는 새로운 가치를 창출한 것처럼 3년 내 매출 2배라는 목표 달성을 위해서는 완전히 새로운 컨셉과 기술을 적용하는 제품 개발은 원래 회사의 계획 아래 계속 진행하되 짧은 개발 기간과 적은 인력 투입으로 가능한 제품 개발에 별도의 노력이 필요하다.

아울러 앞의 경쟁하고 있는 시장에서 슬랏별 승률 분석에서 파악된 제품상의 문제점을 개선하여야 하는데 이 부분이 전략 수립 과정에서 가장 힘든 부분이다. 제품이 없어서 못 파는 경우는 객관적으로 제품의 존재 유무가 확인이 되므로 개발을 할 것이냐 안 할 것이냐의 문제로 압축이 되지만 나와 있는 제품에 개선이 필요하다는 것은 각 부서의 입장에 따라 완전히 다른 해석이 가능하기 때문이다. 따라서 이 부분은 시장에서의 중요도와 자사 입장에서의 난이도를 축으로 개선할 부분을 정리해서 우선순위를 정해 언제까지 누가 어떤 부분을 개선할 것인지 CEO의 분명한 의사결정이 필요하다.

② 영업 활동 개선을 통한 승률 올리기

판촉 활동에 의한 승률 개선 부분은 사전에 투입 금액과 효과에 대한 분석을 하고 영업이익에 미치는 영향에 대해 계산을 해서 예산에 대한 승인을 받아야 한다. 판촉 활동은 슬랏 내에서 가격을 인하하는 것보다 체급 내리기가 될 때 효과가 커지며 미국의 블랙 프라이데이 같은 큰 절기 행사에는 사전에 충당금을 쌓아서 대비하는 것이 좋다.

매장별 관리 활동 개선을 통한 승률 올리기는 영업 자체적으로 가능하므로 누가 언제까지 무엇을 할 것인지를 명확하게 하여야 한다. 이 부분은 영업이 스스로 우리가 그동안 이런 것들을 잘못해왔다고 고해성사를 하는 것 같은 분위기가 되면 철저한 분석을 하지 않거나 방어적 태도를 취하게 되므로 추후 실행에도 문제가 생긴다는 것을 유의하여야 한다. 영업뿐만 아니라 외부 컨설팅을 통한 자사 문제 해결이 의도한 대로 되지 않는 것 또한 마찬가지이다. CEO가 과거에 왜 그렇게 했냐라는 질책이 아니고 문제점들을 잘 찾아서 개선점들을 가져온 것에 대해 격려하고 칭찬하는 분위기를 조성하는 것이 무엇보다 중요하다.

이상에서 설명한 방식으로 점검을 해서 실현 가능한 기대 매출과 예상되는 영업이익을 가지고 최종적인 의사결정이 필요하다. 앞에서 한 번 예를 들었던 현재 매출 100억원에 시장점유율 10%, 영업이익 5%이며 시장이 정체되어 있는 상황의 회사의 경우, 경쟁도 못하고 잃고 있는 시장의 크기가 제품적인 요인이 10%, 유통의 요인이 10% 합쳐서 20%라고 하면 80%에서만 경쟁해서 시장점유율이 10%이니 승률이 12.5%이다. 제품 개발도 안 되고 유통도 새로 진입이 안 된다면 매출 2배인 시장점유율 20%(시장이 정체되어 있으므로)가 되려면 승률도 25%로 2배 올라가야 하고 둘 다 되면 승률이 20%가 되어야 한다. 우선 경쟁도 못 하고 잃고 있는 시장의 크기를 기간 내 얼마나 줄일 수 있는지에 대한 검토와 승인을 받은 후 목표 달성을 위한 승률을 계산하는 순서로 하는 것이 좋다. 목표 승률을 올리기 위한 제품 개선 부분은 굉장히 구체적인 계획이 있어야 하고 영업적인 부분은 추가적인 매출과 비용 투입에 따른 영업이익 변동 부분에 대해 세밀한 검토가 필요하다. 만일 매출 목표 달성을 위해 추가적인 자원 투입이 많아서 현재의 영업이익이 오히려 줄어드는 경우가 되거나 경쟁도 못 하고 잃고 있는 시장의 크기가 커서 목표 승률이 너무 높게 되면 목표의 재설정 역시 같이 논의되어야 하고 CEO의 최종 결심이 필요하다. 다만 이때도 제품 개발이나 개선에 자원 투입은 없고 판촉 예산은 반으로 줄이고 목표는 그대로 유지하는 지금까지 늘 하던 방식의 의사결정을 하는 회사라면 여기서 제안하는 누출 분석, 슬랏 분석과 같이 많은 노력이 필요한 일로 직원들만 피곤하게 하지 말고 늘 하던 대로 그냥 영업을 하면 된다.

4 목표 달성 과정에서의 CEO의 역할

목표를 세웠으면 반드시 제대로 가고 있는지에 대한 점검이 필요하다. 통상적으로 영업과 관련된 목표가 수립되고 나면 제품 개발, 판촉 예산과 같은 전제 조건은 관리하지 않고 결과인 매출과 영업이익만 남게 되는데 그렇게 되면 릴레이 경주에서 앞의 주자들이 어떻게 뛰든 방치하다가 최종 주자에게만 결과적으로 금메달을 가져오라는 것과 같다. 전 조직이 회사의 이익을 위해 정렬되어 한 방향으로 가기 위해서 CEO는 조직의 역할과 권한을 분명히 해주어야 한다.

베인앤컴퍼니의 컨설턴트 폴 로저스와 마르시아 블렌코는 2006년 하버드 비즈니스 리뷰에 실린 '누가 의사결정을 하는가?(Who Has the D?)'라는 논문에서 조직이 더 결단력이 있고 전략을 빠르게 실행할 수 있게 하기 위한 방법론을 제시하였다.[4]

필자들이 연구했던 자동차 회사의 마케터들과 상품 기획자들에게 "어떤

4 Paul Rogers and Marcia Blenko, "Who Has the D?", *Harvard Business Review*, January 2006.

사양이 표준화될 것인가를 결정할 권한이 누구에게 있는가?"라고 물었더니 64%의 상품 기획자들이 자기들이 결정한다고 했고 83%의 마케터들도 자기들이 결정한다고 대답했다는 것이다. 또 "자동차의 색상은 어떤 것들이 제공될지는 누가 결정하는가"라는 물음에는 77%의 상품 기획자들이 자기들이 결정한다고 했고 61%의 마케터들도 자기들이 결정한다고 했으며 놀랍지도 않게 그 신모델은 출시가 늦어졌다고 한다. 앞에서 예로 든 일본 로손의 도시락도 아이디어는 10년 전에 나왔다고 한다. 왜 이런 일이 생겨날까? 실제로 회사에서는 본사 조직과 해외 조직 간, 본사 조직과 사업부 조직 그리고 상품 기획 부서, 연구 개발 부서와 영업 부서 같은 기능 조직 간 역할과 권한에 관한 많은 오해와 다툼이 일어나고 있다. 필자들은 다음과 같이 5개의 역할에 대한 영문 앞 글자를 따서 RAPID 의사 결정 모델을 통해 누가 어떤 역할과 권한이 있는지를 분명히 해야 한다고 제안하였다.

1) 제안(Recommend)

• 핵심 의사결정 사안에 대해 입력된 내용들을 모으고 데이터를 제공하고 분석을 통해 시간에 맞추어 선택을 할 수 있게 한다.

• 정보나 아이디어를 입력한 사람들과 협의를 통해 그들의 견해를 포함해서 동의를 얻어낸다.

2) 동의(Agree)

• 만일 최초 제안에 문제가 있다고 판단되면 제안자와의 협의를 통해 수정된 제안을 하게 한다. 만일 동의의 역할을 하는 사람과 제안자간 합의가 안 되면 결정권자에게 보고한다. 필요하다면 제안에 대한 비토(veto)를 할 수 있다.

3) 실행(Perform)

• 의사결정이 내려지면 실행을 하고 의사결정 사항이 빨리 그리고 효과적으로 집행되는지를 체크한다.

4) 입력(Input)

• 제안자에게 제안의 실행 가능성과 실질적인 의미를 밝히는 팩트들을 제공한다.

5) 결정(Decide)

• 결정에 따르는 모든 책임을 지며 의사결정 과정상 모든 교착 상태를 해결해서 결정에까지 이르게 해야 하고 그 결정이 잘 실행될 수 있도록 커미트해야 한다. 여기서 의사결정은 반드시 한 사람이 해야 하고 동의자의 수가 많으면 제안 기능을 마비시킬 것이므로 숫자를 제한해야 한다. 또 입력해야 할 사람이 너무나 많다면 그 중 의미 없는 입력도 많게 된다는 것을 명심해야 한다.

본 RAPID 모델을 실무에 적용해 본다면 경쟁도 못 하고 잃고 있는 시장에서 제품과 관련된 부분은 제품 개발 부서가 목표 기간 내 제품 기획부서의 제안(Recommend)과 영업부서의 동의(Agree)를 받아 실행(Perform)하고 영업은 필요한 사항을 사전에 요청(Input)해야 하고 개발 시기의 변경은 오직 CEO만이 결정(Decide)할 수 있게 되어야 한다. 또 판촉 예산과 관련된 부분은 재무 부서에서 독단적으로 줄이지 못하도록 반드시 영업부서의 동의를 받아서 제안하고 CEO가 결정해야 한다. 이렇게 영업이 해야 할 일과 재무부서, 제품 기획/개발부서가 해야 할 일을 구분하고 목표 수립 시 결정한 사항에 대한 정기적인 점검 회의를 CEO 주관으로 실시하여야 한다.

표 5-3 구매자 효용성 지도 분석

		6단계 구매자 경험 주기					
		구매	배달	사용	보완	유지	처분
6가지의 구매자효용 수단	고객 생산성						
	단순성						
	편의성						
	위험 감소						
	재미와 이미지						
	환경 친화성						

본서에서 필자는 학교의 경영학 수업시간에 배우는 이론을 바탕으로 자사와 거래선 그리고 소비자의 이해를 통한 영업 방식에 대해 논의하였다. 그러나 필자가 정말로 강조하고 싶은 내용은 앞에서 소개한 이론 하나하나가 아니다. 학교에서 가르치는 이론과 사례도 정말 다양하고 경영 관련 수많은 서적에서 얻을 수 있는 지식 또한 너무나 방대해서 직장 생활을 하는 사람들이 다 알고 이해하기는 현실적으로 불가능하고 또 그럴 필요도 없다.

앞에서 필자는 알렉스 오스터왈더 교수 외(2014)의 저서에서 배운 소비자가 하고자 하는 일, 그리고 그 일을 하면서 겪는 어려움, 그 일을 통한 혜택과 결과에 바탕을 둔 소비자 가치 제안에 대해 설명하였다. 우리에게 더 잘 알려진 김위찬·르네 마보안 교수는 블루오션 시프트(2017)[5]에서 구매자 효용성 지도 분석을 통해 고객의 숨어있는 어려운 점을 찾아내는 방법을 소개하고 있다. 구매자 경험 주기는 제품을 사서 사용하고 처분하기까지의 사이클이고 알렉스 오스터 왈더 교수가 말하는 고객이 하고자 하는 일과도 연결된다.

5 W.Chan Kim & Renee Mauborgne, *Blue Ocean Shift*, (Hachette BOOKS, 2017) p.148.

또 여섯 가지의 구매자 효용 수단은 가치 제안을 하는 기업에서 사용할 수 있는 수단을 말하는 것으로 어떤 가치 제안을 할 것인지를 생각하기 쉽게 나누어서 설명해주고 있다.

물론 어떤 방식을 쓰든 혹은 두 가지 방식을 다 해보든 또는 더 많은 이론을 적용해보든 다 좋겠지만 과문한 필자가 아는 것도 한두 가지가 아닌데 실제로 존재하는 이론이야 얼마나 많겠는가? 문제는 이론을 단순히 책을 통해 많이 배웠느냐가 아니고 배운 이론을 하나라도 현업에 적용해 보느냐 아니냐 하는 것이다. 본서가 이론과 현실은 다르다는 기존의 잘못된 인식에서 벗어나 이론을 적절히 응용해서 현실에 적용하는 작은 계기가 되었으면 하는 바람이다.

기업을 진정으로 위대하게 만드는 3가지 법칙 중 첫 번째가 차별화로 경쟁하는 것이었다. 차별화를 위해서는 창조성이 있어야 한다. 하버드 경영대학원의 테레사 M 아마빌레 교수는(1998)에서 [그림 5-4]와 같은 3가지 요소를 설명하였다.[6]

그림 5-4 창조성의 3가지 요소

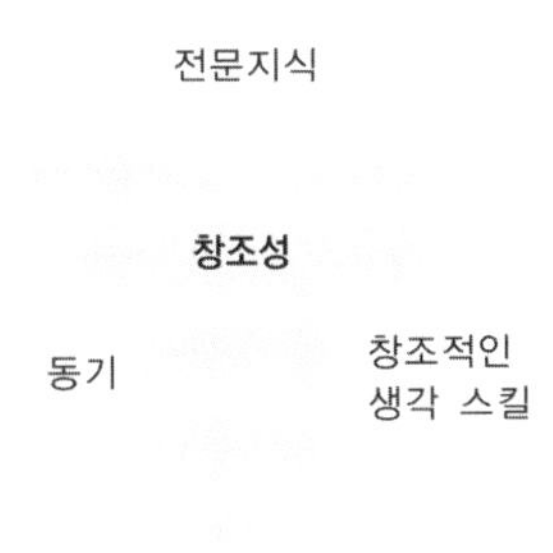

출처: How to Kill Creativity (1998) p.4.

6 Teresa M. Amabile. "How to Kill Creativity". *Harvard Business Review on Breakthrough Thinking*. (Harvard Business School Press, 1999) pp.3-7.

그림 5-5 창조성의 3가지 요소

출처: 山口 周 (2018) p.133.

여기서 창조적인 생각 스킬이란 현존하는 아이디어들을 새로운 조합으로 만들어 보는 것을 말한다. 즉 전문지식을 갖추고 일을 통해 성취감을 얻고자 하는 자발적 동기로 무장해서 여러 가지 아이디어들을 이렇게도 맞추어 보고 저렇게도 맞추어 볼 때 창조성이 생겨나는 것이다.

헝가리 출신의 미국 심리학자 칙센트 미하이(Csikszentmihalyi)는 과제의 난이도와 개인의 스킬이 고도의 발란스를 이룬 상태가 되면 황홀한 몰입 상태가 되고 이를 플로우(Flow)의 개념으로 [그림 5-5]와 같이 정리한 바 있다.[7]

만일 여러분들의 스킬 수준이 낮은데 도전의 수준도 낮다면 무기력해지고 도전의 수준이 중간 정도이면 불안감을 느끼게 되고 도전의 수준이 높아지면 왜 이런 일을 나에게 시키는지 라는 강한 불만을 가지게 된다는 것이다. 또 본인의 스킬 수준이 높은데 낮은 도전 과제가 주어지면 긴장이 풀린 휴식 상태로 회사에 다니게 되고 도전의 수준이 중간 정도이면 조금 쉬다가

7 山口 周. 武器になる哲學 (2018)

조금 일하다가 완전히 상황을 지배하는 상태가 된다. 중간 정도의 스킬 수준에서 높은 도전의 수준인 과제를 만났을 때 '아, 내 능력이 이 정도 밖에 안 되는구나'라는 각성을 하게 되고 더 많은 전문 지식을 쌓으려 하고 창조적인 스킬을 발휘해보려고 하게 되는데 아마 필자가 이전 직장에 다닐 때가 이런 상태였던 것 같다.

즉 이 책은 아주 높은 수준의 스킬을 가지고 아주 높은 수준의 도전 과제를 해결하는 플로우의 상태에 있는 지식과 경험이 풍부한 학자나 최고 경영인이 쓴 것이 아니고 여러분처럼 영업의 현장에서 실적에 대한 부담감에 애태우고 고민했던 평범한 직장인이 그 고민의 흔적을 나누고자 하는 것에 지나지 않는다. 이 책이 독자 여러분들이 이미 알고 있는 많은 지식들을 현업에 적용하는 데 작은 동기부여가 될 수 있다면 보잘것없는 내용을 출판까지 한 필자의 부끄러움을 씻어 줄 수 있는 좋은 선물이 될 것이다.

참고문헌

Chapter 01

국립국어원, 『표준국어대사전』 (2022년 9월 1일 네이버 검색)

유지연, "쿠팡, 로켓 배송 이후 첫 흑자… 3분기 영업이익 1,037억" 『중앙일보』 2022.11.11

David Kord Murray, *Borrowing Brilliance*, Gothan Books (2010), p.34

Juan Carlos Perez, Amazon records first profitable year in its history, *IDG*

Michael E. Raynor and Mumtaz Ahmed, "Three rules for making a company truly great", *Harvard Business Review*, Apr. 2013, pp.109–117

NewsService | JAN 28, 2004 12:00 AM PST

Peter F Drucker, *Management*, Revised Edition, Harper (2008), pp.98–99

Peter F Drucker, *Managing for Results*, Harper Business (1964), p.91

Chapter 02

구글, Iphone annual sales, https://twitter.com/JonErlichman/status/1368603362095214596, 2021.03.08

김용진, 『온디맨드 비즈니스 혁명 오직 한 사람에게로』 (샘앤 파커스, 2020) pp.73–74, p.89

박소현, "7월 수입차 판매량 12.2% 감소한 2만 1,423대… BMW가 2개월째 1위", 『매일경제』 2022.08.02, 한국 수입자동차 협회 자료, 네이버 검색 (가격, 배기량, 마력수), 2022.09.10 기준 필자가 작성

안광호, 한상만, 전성률, 『전략적 브랜드 관리』(학현사, 2019), pp.66－67
조안 마그레타, 『당신의 경쟁전략은 무엇인가?』 김언수, 김주권, 박상진 옮김 (진성북스, 2016), p.35, pp.62－98
최기성, “이러다 강남 쏘나타 1억 되겠네… 억대급 포르쉐, 벤츠, BMW 전성시대”, 『매일경제』 2022.8.2
Andrew McAfee, Erik Brynjolfsson, Machine Platform Crowd, (Norton, 2017) p.163
Alexander Osterwalder & Yves Pigneur, *Business Model Generation*, (John Wiley & Sons, 2016), pp.15－41
Joan Magretta, “Why Business Models Matter?”, *Harvard Business Review*, May. 2002, p.4
Nirmalya Kumar, “Marketing as Strategy”(*Harvard Business School Press*, 2004), pp.30－31
大前研一のアントレプレナー育成講座―アタッカーズ・ビジネススクール〈Part 5〉アタッカーズ・ビジネススクール (プレジデント社 2003). pp.253－257

Chapter 03

데이비드 J. 콜리스, 마이클 G. 룩스태드, “35단어로 회사의 전략을 말하라”, 『DBR』 7호, 2008년 4월
라예진, “합병이 성공 지름길? 美월마트 ‘제트닷컴’ 실패담 잊지 말라” 『이코노미스트』 2022.07.22
매튜 S. 울슨, 데렉 반 베버, 세스 베리, “잘 나가던 기업도 주춤! ‘성장 정체’ 피할 길은 없는가” 『DBR』 2008년 3월
이용성, “[Case study] 미국 코스트코 ‘아마존 시대’에도 계속되는 창고형 할인마트 성공신화 회원제로 ‘저마진 · 고수익’ 유지… 작년 매출 134조원” 『Economy Chosun』 218호, 2017.09.18
진 M. 브렛, 『아마추어는 설득을 하고 프로는 협상을 한다』 김성형, 이은우 옮김 (스

마트비즈니스, 2007), pp.38－45

추동훈, “코로나가 불러온 회원제 마트 붐… 코스트코 뜨고 월마트 진 이유”, 『매일경제』, 2022.02.03

허세민, “MS · 구글 · 아마존發 M&A, 10년 만에 최다” 『한국경제』 2022.01.23

Joan Magretta, “Why Business Models Matter?”, *HBR*, May.2002

John Cook, “Zulily hits $1.2B in 2014 sales, plans $250M stock repurchase program as shares slump more than 20%”, Geekwire, 2015.02.11, https://www.geekwire.com/2015/zulily－hits－1－2－billion－2014－sales－plans－250－million－stock－repurchase－program－shares－continue－slump/

Rethinking the 4P’s, Richard Ettenson, Eduardo Conrado, Jonathan Knowles, *Harvard business review*, Vol. 91, N1, 2013, pp.26－27

Statista, Costco / Walmart, https://www.statista.com/, 2021.09.28

Thales S. Teixeria. “A Survival Guide for Startups in the Era of Tech Giants”, *Harvard Business Review*, February 21, 2020

Chapter 04

김경하, 이은창, 이은화, “제품 만들 때부터 ‘중고활용’ 전략 브랜드 가치 높이고 신규 수익원 창출” 『DBR』 2021년 8월 Issue 1. p.51

김소민, “쌀값 폭락에도 즉석밥은 올라” 소비자 분통… 업계 “포장비 등 상승”, 『동아일보』 2022.10.06

대니얼 카너먼, 『생각에 관한 생각』 이창신 옮김. (김영사, 2012) pp.38－53

신병철, 『브랜드 인사이트』 (산림 출판사, 2003), p.88, pp.154－179

이영희, “반찬 딱 하나 담았더니 대박났다… 日 뒤집은 ‘2000원 도시락’?”, 『중앙일보』 2022.08.31

Alex Osterwalder, Yves Pigneur, Greg Bernarda, Alan Smith, *Value Proposition Design*, (Wiley, 2014) pp.8－9, pp.8－61, p.21

Andrew McAfee & Erik Brynjolfsson, *Machine Platform Crowd*, (Norton &

Company, 2017) pp.43-44

Anthony W. Ulwick. *What customer want.* (McGrow Hill, 2005) pp.15-38, pp.39-59

David Kord Murray, *Borrowing Brilliance*, (Gothan Books, 2010), p.54

H. Igor. Ansoff, "Strategies for Diversification" *Harvard Business Review*, 1957, Sep.-Oct, p.114

Jennifer Riel & Roger L. Martin. 『Creating great choices』 (*Harvard Business Review Press*, 2017) pp.17-34, pp.23-24

Philip Kotler, *Marketing Management*, (Prentice Hall, 1999) pp.394-396

Chapter 05

유선희, "내 머리는 소중한 것이여~'… 탈모방지·새치커버 '기능성 샴푸 전쟁" 『한겨레 신문』 등록: 2022-10-17 09:00 수정: 2022-10-17 09:48

신재희, "전국 라면 인기 지도 보니, 농심 신라면 경남 제외 모든 지역 1위." 『비즈니스 포스트』 2022-10-27 09:35:49

김상호, 허성윤, "가정간편식(HMR) 시장 트렌드 - 흰밥, 볶음밥, 국 제품이 성장을 주도!" 『한국 농촌경제 연구원』 (2018) pp.1-46

Paul Rogers and Marcia Blenko, "Who Has the D?", *Harvard Business Review*, January 2006

W. Chan Kim & Renee Mauborgne, *Blue Ocean Shift*, (Hachette BOOKS, 2017) p.148

Teresa M.Amabile "How to Kill Creativity." *Harvard Business Review on Breakthrough Thinking* (Harvard Business School Press, 1999) pp.3-7

山口 周 武器になる哲学, (KADOKAWA, 2018) pp.129-134

전략적 영업 영업현장과 경영이론의 만남

초판발행 2024년 1월 10일

지은이 이혜웅
펴낸이 안종만 · 안상준

편 집 전채린
기획/마케팅 장규식
표지디자인 이영경
제 작 고철민 · 조영환

펴낸곳 (주) 박영사
서울특별시 금천구 가산디지털2로 53, 210호(가산동, 한라시그마밸리)
등록 1959. 3. 11. 제300-1959-1호(倫)
전 화 02)733-6771
f a x 02)736-4818
e-mail pys@pybook.co.kr
homepage www.pybook.co.kr
ISBN 979-11-303-1377-1 93320

정 가 17,000원